[英国] 史蒂夫 · 布鲁斯 著　蒋 虹 译

牛津通识读本 ·

社会学的意识

Sociology

A Very Short Introduction

译林出版社

图书在版编目（CIP）数据

社会学的意识/（英）布鲁斯（Bruce, S.）著；蒋虹译.
—南京：译林出版社，2013.5（2024.10重印）
（牛津通识读本）
书名原文：Sociology: A Very Short Introduction
ISBN 978-7-5447-2972-7

Ⅰ.①社… Ⅱ.①布… ②蒋… Ⅲ.①社会学 - 研究
Ⅳ.①C91

中国版本图书馆 CIP 数据核字（2012）第 133237 号

著作权合同登记号　图字：10-2014-197 号

社会学的意识［英国］史蒂夫·布鲁斯 / 著　蒋　虹 / 译

责任编辑　许　丹　何本国
责任印制　董　虎

原文出版　Oxford University Press, 1999
出版发行　译林出版社
地　　址　南京市湖南路 1 号 A 楼
邮　　箱　yilin@yilin.com
网　　址　www.yilin.com
市场热线　025-86633278
排　　版　南京展望文化发展有限公司
印　　刷　江苏凤凰通达印刷有限公司
开　　本　635 毫米 × 889 毫米　1/32
印　　张　7.25
插　　页　4
版　　次　2013 年 5 月第 1 版
印　　次　2024 年 10 月第 13 次印刷
书　　号　ISBN 978-7-5447-2972-7
定　　价　39.00 元

序言

秦晖

在这套“牛津通识读本”中，英国社会学家 S. 布鲁斯写的这本《社会学简介》(Sociology: A Very Short Introduction，本书译为《社会学的意识》)是很有特色的一本。它没有像一些入门书那样介绍本学科的简要发展史和主要学术分支、学派及代表人物等等，而是集中地谈了一个问题，即社会学是什么，不是什么。作者强调社会学是研究社会结构与社会制度的一门实证性学科，它属于“社会科学”而不属于“人文学科”。而且从全书开篇就强调这一点，直到最后一段要求把“江湖骗子”从社会学界排除出去，看来这“清理门户”的工作是全书的主要关注点所在。这的确很有意思。

通常人们认为，“社会科学”只解决实然的问题或“是如何”的问题，而“人文学科”则往往与应然的问题即“应该如何”的问题相关。后者无可避免地会把学者自己的价值观与文化偏好带进来，而前者则相反，它应该尽量排除这些主观因素的干扰。就像一个物理学家可能是基督徒，另一个物理学家可能是马克思主义者，但是他们都不能把基督教或马克思主义带进物理学研究中，物理学也不可能有什么基督教学派或马克思主义学派。物理学只讨论客观事实，而且物理学家不管个人信仰有多少差异，在讨论物理学时都只能用公认的学术概念、在公认的学术范式下进行。

而在布鲁斯看来，社会学作为社会"科学"应该和自然科学类似，具有价值中立、客观性、可验证和可证伪等特点，而不同于像文、史、哲那样指向价值关怀的"人文学科"。在这个意义上，社会学与各种以批判社会、影响社会、改造社会为直接目的的"社会思想"和"社会理论"完全不同。按布鲁斯的看法，如果某人赋予社会研究太过强烈的"人文精神"和价值关怀，以至于以某种正义的激情冲淡了作为社会学生命的科学性，那他就成了"江湖骗子"而应当被从社会学学术圣殿中革除教门。应该说，这种强调客观性的实证主义传统在西方社会学中源远流长，从学术渊源上讲，布鲁斯的这些观点可以上溯到他所谓的社会学三大奠基人中的涂尔干的观点，而涂尔干的观点又来自发明了"社会学"一词、并在科学至上的理念下把它解释为"社会物理学"的实证主义者孔德。

但另一方面，布鲁斯也指出包括社会学在内的"社会科学"要完全做到这一点比较难。因为如果说自然科学都有可能出现类似于生物学中的"李森科现象"这类主观政治偏好扭曲科学研究的弊病，那么以研究者自己也置身其中的人类社会为目的的"社会科学"就更难做到价值中立，而不受研究者价值关怀先入之见的影响。

尤其是他指出，近代社会学在其创立的时期，对现存社会不满并希望变革和改造现存社会的主观意图就起了很大的作用，正是在这类意图推动下产生了现代社会学继承下来的第一批学术成果。而布鲁斯列举的近代社会学的三大奠基人，即马克思、涂尔干和韦伯，无不是以其鲜明的价值偏好作为研究动力的人。马克思对现存社会(资本主义社会)的抗议和建立新社会的热情、韦伯对新教的虔诚信仰,都使他们的研究打下了明显的价值烙印。如果严格按照布鲁斯的定义,他们恐怕都难逃“江湖骗子”之讥。即便是三人中最鲜明地继承孔德实证主义、明确强调要把社会作为“自然现象”来研究、持“绝对客观”立场的涂尔干,也不能不先后受到圣西门主义、迈斯特尔保守主义和天主教伦理的影响,诚如后人评论的:“他的社会学研究实践是否与他(关于绝对客观)的论述相符,则是另外一个问题。”(见《布莱克维尔政治学百科全书》涂尔干条)

而布鲁斯所在的英国社会学传统,如他所说,则与韦布夫妇(B. & S. Webb,通译韦伯夫妇,本书译为韦布大概是为免于与马克斯·韦伯即 M. Weber 相混淆)创立的费边社有极大的关系。费边社的思想库伦敦经济政治学院也向来是英国社会学的重镇。这个传统下的社会学也是以倾向社会平等的强烈社会关怀著称,对于他们而言,保持价值中立,把社会当作一个物理对象那样予以纯粹客观、实证的研究,也绝非易事。

但实际上,上述这些怀有强烈价值偏好的人自己也从未放弃“客观”、“科学”这类诉求而把自己混同于一个某种信仰的布道者甚至是某种政治派别的宣传家。就以价值取向最为强烈的马克思而言,他也是以“科学”自许而自傲于此前所谓的“空想”社会主义的。因此如何在价值偏好难以免除的情况下尽量做到客观、科学地研究社会问题,就成了现代社会学研究能否具有生命力、能否给人类提供有效知识增量并具有学术公信力的关键。

关于这一点,布鲁斯指出研究者把客观性作为一个目标来追求是非常重要的,尽管事实上主观偏好的影响难以完全排除，但是那总比放弃此种追求、任意以主观价值偏好来剪裁客观现实的做法强得多。用布鲁斯的话说：“尽管绝对无菌的环境无法实现，但我们总还是愿意在手术室里、而不是在下水道里做手术。”在许多情况下，也许价值偏好更多地决定了一个人选择什么问题来研究，但对于这个问题本身他还是必须追求客观的、科学的认知。例如一个马克思主义者也许对研究劳资、主佃这类“阶级关系”特别感兴趣，这是其价值偏好使然，但是对于“阶级关系”本身他仍然必须坚持实事求是地去考察，比如说要进行大样本的统计调查，而不是仅凭“三条石”之类的例子得出“政治正确”的结论；比如说要搞无压力下的入户访谈，而不是仅凭动员式的“大会控诉”；比如说要计算一般性的基尼系数，而不是仅凭若干典型故事甚至是创作出来的故事来渲染“两极分化”；等等。

于是我们就可以理解，为什么布鲁斯把马克思列为近代社会学的创立者之一，我国社会学界却公认这门学科是改革后才建立或“恢复”的，而在改革前尽管马克思的名声在我国如雷贯耳，他参与开创的这门学科却不能存在。其实何止社会学，其他“社会科学”不是一样吗？甚至就是张扬价值观的“人文学科”，那种张扬也必须是“说真话”才有可信度。在宗教审判的时代怎么可能有真正的“人文学科”？

中国改革时期“恢复”的社会学由于处在社会剧烈变动的转型状态，与已经定型的现代西方社会不同，但却与本书提及的近代社会学开创的那个激荡时代有点类似，所以怀着强烈的价值关怀来研究社会的现象可能不亚于马克思那个时代的西方。因此社会学的客观、实证与科学性的问题，在我们这里恐怕比布鲁斯那里更突出。

对于由难免持有特定价值偏好的研究者组成的“社会学界”如何做到价值中立和科学实证性，本书谈了很多。但有一点他们可能无须谈，对我们却很重要的：那就是每个人的价值偏好对自己的社会学研究的影响也许难以完全避免。但是在整个学界假如这些偏好是多元的，而不是一元的甚至是有组织的，也就是说并非只准有一种偏好，而是可以你有这种偏好，我有那种偏好，并且构成一种竞争格局的话，那么在“偏好在于选择问题，而研究问题还须实证；偏好在于选择材料，而各种材料皆能公开；偏好在于解释材料，而各种解释皆有自由”的环境下，各种偏好就可能既成为研究兴趣和动力之源，又在总体上形成互纠互补，使各种“片面的深刻”共同促进知识增量的生产。

这样，也许每个研究者都无法完全做到“价值中立”，但整个学界却可以实现“价值中和”，建立自己客观、实证的公信力。价值关怀对于“社会科学”科学性而言就可以成为一种正面的、而非负面的因素，“人文学科”与“社会科学”也就不是互相悖谬、互相冲突，而是关于人的知识中互相促进的两翼。

相反，如果“只准有一种偏好”，那就不仅社会科学，连自然科学都会产生“李森科现象”：本书提到的李森科与拉马克也许有共同的偏好并因此持有类似观点，但李森科时代只准有一种偏好，拉马克时代却并非如此，因此“李森科生物学”完全成了伪科学，而拉马克尽管其具体观点可以被证伪，但他仍不失为一个有贡献的生物学家。

我想，社会科学、尤其是社会学也是如此。

目录

前言

社会学影响力的一个表现是，它既受人欢迎也遭人谩骂。确立已久的学科笑它是一位笨拙的新来者，却又采纳它的观点。普通人嘲弄那些以此为职业的人，却又将社会学的某些假设视为理所当然。政府指责这一学科危害道德和社会秩序，却又聘用社会学家来评估其政策法规。

我们对这门学科深感尴尬，君不见有如此多的笑话都以社会学为靶子？或许我是因为从事这个职业而过分多疑，但是，这种关于社会学家的玩笑似乎不会发生在历史学家身上。鉴于这类幽默无法用简单的语言解释到位，我只讲一则。这个经典的段子出自一部叫《守护人》的英国电视连续剧，这是 1980 年代一部关于小混混与伦敦底层生活的优秀喜剧。剧中两个可爱的无赖正谈论着他们的一个熟人，此人刚从监狱出来。其中一位宣称他们的朋友在里面通过学习已洗心革面："是啊，他现在有了开放大学的学位。社会学的。"另一位问道："那他不再行窃了？"先前那位回答说："不是！但他现在明白自己为什么行窃了！"

这番嘲讽微言大义：社会学受到坏人的欢迎（大概因为它的着眼点是社会问题）；社会学通过展示个人行为的社会原因，

解除了人们的责任；社会学天真幼稚，并且会被老于世故者操纵。这一学科是否犯有这些控告中的随便哪项或所有罪状，到这本小书的结尾就该一清二楚了。

由于下述显而易见的原因，社会科学家发现他们比自然科学家更难达成一致。譬如，物理学的前沿学者之间或许会有激烈的争论，但他们对于一部权威性地阐述学科基础知识的初级物理教材，却能达成充分的一致意见。相反，社会科学的入门教材常常将它们的研究对象描述成一系列对立的观点。强调不同观点是有益的。在我们要对外部社会的这个或那个方面进行解释的时候，通过将具体的重点代入逻辑结论，我们很容易理解那些需要解决的争议。与竞选中的政客一样，不同学派的支持者竭力在自身与对手之间划出清楚的界线。然而，又跟掌权的政客一样，当这些支持者转过身来搞社会学研究（而不是仅仅宣传主张）时，他们往往会退回到某个共同的中间立场上来。

本书的这种“简明导论”形式的限制性使我不必对这一学科进行全面详细的阐述。相反，我将试图阐明社会学视野中的特质。这将通过三个步骤来实现。首先，我将思考把社会学作为一门社会科学意味着什么，从而说明这门学科的地位。在第二、三、四章中，我将试图解释社会学的某些基本假设。在最后一章里，我将通过剔除一些江湖骗子（不幸的是，他们目前颇受欢迎）来清理社会学的门户。

致谢

我要感谢牛津大学纳菲尔德学院的戈登·马歇尔教授和牛津大学出版社的乔治·米勒建议我撰写此书。感谢马歇尔教授、约克大学的史蒂文·耶里教授和阿伯丁大学社会学系的大卫·英格利斯博士,他们极为友善地对前面几稿提出建议。还要感谢编辑希拉里·沃尔福德，她一如既往的编辑工作确保我说出的每一句话都表达了我的本意。

第一章

社会学的地位

社会学与科学

自我们开始瞩目于人类对物质世界的理解和支配之日起，科学家和哲学家们就一直试图将成功的现代科学，与诸如从石头里炼出金子或通过占星来预知未来这样的死脑筋区别开来。遗憾的是，所有这些努力都没有提出泾渭分明的界线，当我们审视真正的科学家实际所做的一切时，往往发现科学的工作寿命与哲学家们所描绘的图画并不匹配。不过，我们可以列出一系列特征，比如，这些特征更可能存在于天文学而不是占星术中。尽管我们无法绝对肯定地将关于物质世界的一些观点划分为科学和伪科学，但我们仍能有益地讨论“或多或少”具有科学性的事物。

良好的起点是先肯定任何一种好的科学理论应该是内在一致的。这就直接地将科学理论与一般认为的圈外人观点区别开来。我的母亲经常自相矛盾。她这回说的与她下回说的是两码事，但她几乎从来没有为此而感到不安。她曾经批评一家路边咖啡店，说那里的食物很糟，但同时又说分量太少了。

好的科学理论应该与证据相符合。这似乎是不言而喻的，但在此方面，跟圈外人相比，科学家应该对一切有更严谨的要求。比如，传统医学与非传统医学遵循着截然不同的标准。尽管医药公司受到商业规律的驱动，要赶在竞争对手之前将新药推向市场，但它们仍须对产品加以长期而广泛的试用。在“双盲”测试中，大批病人被分成实验组和对照组，一组试用新药，另一组试用无害又无效的“安慰剂”。在试用结束之前这些分配是保密的，病人和医生都不知道谁在服用真正的药物，谁在服用安慰剂。只有当药物实验组病人的状况比安慰剂对照组有明显改善时，新药物的临床试验才被视为药物有效性的可靠证据。相反，信仰疗法、针灸或磁性疗法等非传统疗法很少得到测试；医生的个人经验，再加上一些奇迹般治愈的传闻，被认为足以证明其有效性。这类测试从来都不是双盲，因此，任何感知到的改善都可能是安慰剂的效果，并且这种可能性永远都消除不了。

第三，科学总是在不断变化。在某种绝对永恒的意义上，科学的发现永远都不是“正确的”；它们永远是暂时的，总是能被改进。此一世纪中令人信服的正统教义在下个百年会成为历史故旧。说科学导致**进步**有点牵强，因为我们不知道我们将去向何方，但我们无疑知道我们到过哪里，因而可以说科学逐步远离谬误。此外，如果将医学对实验证据的依赖和非传统疗法对传统的依赖加以对比，我们同样能看出端倪。在巴哈花药疗法、风水以及指压按摩领域，几百年来取得的成效（尤其是在未遭现代性污染的文化里）使它获得了合法性。鉴于如身体循环系统这类医学原理是较新的发现，某种观点的年代未给科学家留下印象就不足为奇了。

在坏的科学（如埃利希·冯·达尼肯声称埃及金字塔是由来访的太空人建造的）中，理论是由脱离语境的零星事实加以证明的。在好的科学里，用一种解释来替换另一种解释的关键，在于系统收集与这个问题有关的**大量**数据资料。

但这样做还不够，因为几乎没有什么观点会荒诞到完全无法找到支持的证据。要找到相信的理由是很容易的。一种更有效的检验是寻找不信的理由，寻找不符合这些观点的证据。在好的科学里，最具说服力的是这样的观点，它们经受住了试图证明其错误的多次尝试。

这向我们展现了好的科学最重要的特征之一，即它对待失败的方式。想象一下我提出一种关于次原子粒子行为的新理论。在实验室里，在那些我按照自己的观点训练过的学生们的辅助下，我获得了与我的理论吻合的大量实验数据。但随即，别的地方的科学家重复了我的研究，却没有证实我的发现。此时，我应该根据这个新的证据重新考察我的理论。假如我的理论能通过修正而涵盖新的结果，或能解释为何新的实验数据存在误导，它就站住脚了。假如不能，我们就该放弃它。

倘若我们看一下另一种方法，这种研究方法的价值就显而易见。一位患有严重皮疹的病人到一个巫医那里求医。巫医用药使一只鸡中毒，然后，根据这只鸡临死前摇摇晃晃的姿态，确定病因是病人的弟媳妇对他施了魔法。巫医于是给了病人一个符咒，嘱咐他戴上一周，魔法自会被驱除，皮疹自会消失。但这一招并不灵验：一个月之后，病人身上的皮疹丝毫没有好转。巫医没有总结说，皮疹由恶魔引起的说法是无稽之谈、符咒没有任何医治功能，相反，他解释说符咒不灵验是因为病人缺乏诚意。看起来失败之事反而成了这一信仰体系进一步的佐证。

这一例证援引自非洲的传统医学，但我们在现代科学家身上可以找到许多同类的例子，他们以同样的独创性来竭力维护自己所偏爱的理论。绝对好的科学要仰赖这样的科学家，他们全力投身于科学事业却并不过于迷恋自己的特定学说。但是，科学家也只是人。使科学事业不必依赖于那些圣人般超凡脱俗的个体科学家的，是**竞争**这一事实。花了二十年提出某种次原子粒子理论的人，很可能会为使他成名的那些观点竭力辩护。然而，自然科学的职业结构意味着同一领域里将会有许多其他人在工作，这些人未受这位伟人任何恩惠，为了提出自己的竞争理论，他们正不顾一切地试图证明他是错的。

科学是在自由交换思想和智性竞争的基础上繁荣的。当外部机构试图将并非植根于这一学科工作的某种正统理念强加给科学家时，科学便停滞了，正如在天主教统治下的中世纪和斯大林统治下的苏联所发生的情形。在 19 世纪，一些遗传学家声称，个体在一生中获得的特征会通过基因而遗传。法国生物学家拉马克认为，长颈鹿之所以颈子长，应归功于它伸长脖子吃树叶的习惯。相反的观点会认为“长颈性”是一种遗传编码的特性，拥有该特征的那些长颈鹿比不拥有的有更佳的生存机会。因此，遗传种群是通过“自然选择”而不是通过习得发生改变的。到 1920 年代，拉马克学说基本上被淘汰了，但却在苏联残留下来，原因是自然选择学说被认为太接近资本主义的逻辑，因而在政治上难以接受。李森科利用自己的政治地位将拉马克学说融入官方的共产主义哲学，那些反对他的遗传学家或者被迫放弃主张，或者被流放到西伯利亚。直到 1950 年代[①]，苏联生物学才脱离了李森科的影响。遗憾的是，官方对错误学说

① 实际上，直到 1964 年赫鲁晓夫下台，李森科及其势力才在 1965 年倒台。——译注

的支持不仅扼杀了苏联的生物学，也危害了苏联的经济。出于意识形态的原因对“资产阶级”遗传学的拒斥，割断了苏联农业与西方农作物发展的伟大成就之间的关系。

现在人们对科学方法能确保真理这一观点通常予以嘲笑。社会学表明，科学运作的方式往往与普通人用来理解世界的常规方法相似，科学家总是受到让他们无法超脱的兴趣和价值观的影响；这样一来，社会学在削弱科学所提出的宏大主张方面就起了重要作用。不过，现代科学非常成功地（许多批评家或许会说过于成功地）让我们理解并操纵自然界，以至于当我们考虑研究人类社会时，它明确指出了该从哪里入手。换言之，在多数大学的院系结构里，我们发现社会学被归入“社会科学”院系而不是“人文学科”，这并非偶然现象。

社会学能成为科学吗？

然而，在描述社会学学科时，假如我们的出发点是说社会学应该模仿自然科学的方法，我们很快就会认识到这种模仿会带来一些根本的限制。

首先，社会科学家几乎无法构建实验。在对北爱尔兰的两个主要亲英派恐怖组织阿尔斯特防卫会（UDA）和阿尔斯特志愿军（UVF）的研究中，我开始对有些人如何逐渐占据重要的领导地位产生兴趣。在发现我能找到的有关这些领导人（以及那些被视为领导者的好苗子但终究没有成功的人）的所有资料之后，我得出了若干初步的结论。与人们对恐怖组织可能持有的判断相反，这些领导者并不是因个人邪恶而成为恐怖组织头目的。在约三十个案例中，我只发现了两个利用恐吓实行控制的人。其中一人在他的上一级庇护者失去权力之后就被自己人给杀了;另一位假如没有被逮捕囚禁起来,本来也会遭到同样的下场。对于领导人而言,比赤裸裸的高压手段更重要的是具有说服和调停的才能。然而,在 UDA 和 UVF 二十五年的历史中,其领导人似乎都拥有这一技能,这就无法解释这两大组织 1970 年代的领导者与 1980 年代中期取代了他们的人在背景上的重要差异。

外交手腕是一个必备条件,但社会地位只在最初的十年间举足轻重,之后则并非如此。第一代领导者几乎总是那些在暴乱[1]尚未发生,工人聚居区的抗议者自行组成自卫队**之前**,担任过社区领导职务的人。他们曾在工会、社区协会、北爱尔兰统一党和住房协会任职。但在 1980 年代后期脱颖而出的那些人却截然不同。他们中大多数人是在恐怖组织里长大的,他们之所以成为重要人物是因为他们是"操作者"——残忍的杀手,以及恐怖行动或为筹措基金而进行的银行抢劫、敲诈、贩毒等辅助活动的策划者。

两代领导人之间的差异使我得出了如下结论。在一个无人拥有经验与资历的新组织里,确定领导人依靠的就是地位或能力这样的一般性条件。用现代的教育术语来说,领导能力被认为是一种可流通的技能。然而,一旦事业已运行了足够长的时间,大多数成员都获得了其核心活动(在本例中即策划或实施谋杀以及相关的犯罪活动)的经验时,就有可能根据组织的核心技能来判定潜在的领导候选人。于是,成员的注意力便从候选人的总体能力特征(如曾在其他社区活动中表现出色)转向与更具体的任务相关联的能力。

① 指 1970 年代初北爱尔兰的暴乱。——译注

这种解释可能完全错误。就我的目的而言,此处重要的是我该如何对自身的观点作进一步的检验。如果需要,研究溴化物反应的化学家可以设计进一步的实验,视通常认为的外部变量为恒定不变,将注意力集中在那些最重要事物的变化上。但我不能这么做,我不能出于实验的目的拿一个先前稳定的社会来发动一次小规模内战。没有任何读者需要这样的说明:对社会科学知识的追寻并不能为恐怖主义提供辩护。即使我毫无道德上的不安,那也是行不通的。我既无财力也无权力发动一次小规模战争,并动员人们投身其中。

然而,我们不妨想象一下道德的和实际的障碍被排除后的情形。即便障碍被排除,创建我自己的恐怖组织所获得的数据,与那位溴化物化学家从反复实验中得出的那些数据也没有可比性,因为我的恐怖组织并不等同于我希望了解的那些“自然存在”的恐怖组织。这里有两个问题。第一,相较于化学实验与真实世界的关系,社会科学领域里的人工实验与真实世界的关系完全不同,因为社会实验不是对自然存在的一种复制:它本身是一起新的社会事件。第二,社会生活似乎过于复杂,无法被分割成简单的组成部分加以孤立地探究。

因此,自然科学与社会科学之间的一个重要差异即,后者的观点通常不能通过实验(这种实验将我们感兴趣的人的行动特征与当下生活的复杂性分离开来)来加以严格检验。然而,我们可以进行准实验,实际上也的确常常这么做;在这些准实验中,我们试图在各种场景(这些场景除了关键的一两处,其余多数情况下是相同的)下比较我们感兴趣的行为。罗莎贝思·坎特对乌托邦社区的研究为我们提供了一个很好的例证。她想知道为什么一些村社成功了,而另一些村社却失败了。对这类组织的历史的广泛阅读以及1960年代在这些村社里的亲身经历，使坎特大致了解了这类人为组织的哪些特征可能起了作用。于是，她根据前期研究成果和她本人所作的非系统性观察，先进行了一些假设，随后对那些观点进行检验。为了避免社区差异被外围社会的差异掩盖，她的注意力所集中的社区成立于同一个国家的较短的时间段内，即1780年至1860年间的美国。她设法确定了九十个这样的社区，其中包括十一例延续了二十五年（通常看来，即一代人）的“成功”组织和七十九例不满二十五年历史的“失败”组织。她的结论是，尽管不存在所有成功例子都具备而所有失败例子都缺失的一系列特性，但的确有一些特征，它们几乎存在于所有那些延续了一代人之久的社区组织，同时又罕见于那些未能如此延续的组织。成功社区要求成员作出各种牺牲（如性行为、饮酒和跳舞被禁止）。它们具有明确地将社区优秀成员与世界上其他人区别开来的世界观。它们对会员资格有非常严格的规定，并有严格的会员资格测试。新会员需要投入大量的时间和金钱，一方面用来证明他们对这一事业的忠诚，另一方面，也使背叛的代价很高。几乎所有成功社区都通过地理上的孤立来促进这种心理隔离和社会隔离。坎特的结论是，对组织的忠诚不是乌托邦社会形成之前的一种必然的神秘现象。相反，忠诚是一种社会特性，可以刻意地利用她所说的“忠诚机制”来培养。

此后，研究者们对坎特的结论进行了修改。我曾主张，对某些信仰体系的忠诚要比对另外一些信仰体系的忠诚更容易培养。那些赋予个人最高权威的政治哲学和宗教体系，要比那些能唤起某种更高力量的政治哲学和宗教体系难组织得多。保守的天主教徒和新教徒能够创立成功的社区；自由主义新教徒和新时代(New Age)的信徒却不能。然而,在这一点上,我更感兴趣的是坎特的方法而不是她的结论。她非常巧妙地表明,尽管我们不能像自然科学家那样容易地做实验，但通过运用想象力,我们能发现“自然存在”的资料,即真实生活的例子,使社会现象变得简洁明了。

社会科学家的常规做法是大规模的社会调研。设想我们想知道性别对政治倾向有什么影响。我们可以询问众多男女选民，他们在1997年那场使英国工党在保守党执政十八年之久后重新掌权的选举中是怎样投票的,并对回答进行比较。然而,倘若就此止步,我们就了解不到什么,因为其他诸如收入、教育程度、种族以及宗教信仰等因素同样影响着人们的政治倾向。因此,我们会进一步向选民提出问题,在他们身上标上收入水平、接受正规教育的年限、民族身份、宗教派别等区别特征。然后,我们可以采用统计法来弄清哪些特征(无论单独地还是组合地)对投票行为产生的影响最大。

尽管这类研究具有启发性,但其结论往往是暂时的和或然性的。我们可以自信地说,工人阶级在政治上比上层阶级更有可能倾向于左派。但对于这个论点,有足够的例外使得我们不能将它当做一条自然法则。1950年代,当时能找出一群“顺从的工人”,虽然我们也许愿意“客观地”称他们为工人阶级,但这个群体的成员在政治上极端保守,认为上层阶级比工人阶级的代表能更好地管理国家。1980年代,玛格丽特·撒切尔式的保守主义(经济上提倡放任自由,社会问题上采取独裁主义)获得了英格兰东南部一些繁荣地区的工人阶级的有力支持。因此,我们在开始时的判断过于简单,后来发现需要修正。单以职业类型(如体力工作和非体力工作)划分人群不能有效地预测投票情况。于是，我们又进一步划分阶级或者增加其他考量，然而却发现，我们的命题总有或然的例外。

一些社会学家把这类失败看成是一种鼓励，鼓励他们在界定、辨析和评估社会行为的原因时更加深刻老练。这三方面的改进无疑受到欢迎，但社会学不能提供“法规”这一点所反映出的远不是它的相对不成熟。在科学的社会学确立已有百年之后，那种“它还处于幼年”的辩护听起来颇为无力。进行更多的研究，用更成熟的方法分析所收集的数据——这将使我们知之甚多，但我们永远都不可能发现人类行动的规律，因为人不同于原子。

社会科学所研究的对象是有意识、有感知，出于自由意志而行动的人。在此，我们不必纠缠不休于人在何种程度上真正“自由”这个问题。我们只须认识到一点：无论人类行为的趋同性是出于哪些原因，这些原因并非在任何绝对意义上都有“约束力”。最暴虐的政权也许紧紧地钳制着我们，使我们只能在服从和死亡之间作出选择，但我们仍然可以选择后者。这就使我们的研究对象与自然科学所研究的对象迥然相异。水被加热时，就无法拒绝挥发性的增强。压力不变时，水无法做到的是，在摄氏 100 度的温度下接连四天沸腾却在第五天不再沸腾。但人可以选择，甚至连最低级的蠕虫也能转变。

这使我们认识到，在社会科学里被当做解释的一切完全不同于物理学或化学里的解释。通过引证压力、温度和挥发性等一般定律，我们解释了水壶沸腾的原因。由于水还没有**决定**沸腾（决定在某个其他时候发生改变），我们不需要提及水的意识。假如我们只是想找出人类行为的某些非常宽泛的规律，那么，我们可以像对待自然科学中的变量那样来对待社会特征，并且提出(比如)非熟练工人比高层管理人员更可能投社会主义者一票,但假如我们想要**解释**原因,我们就必须考察人的信仰、价值观、动机以及意图。人的意识是驱动一切行动的引擎,所以社会科学必须比自然科学更深入一步。当化学家屡次在溴化物中发现同样的反应时,他就止步了。规律被发现便是研究的终结。对社会科学家而言,这仅仅是个开端。即使我们已发现,所有人在某种情形下总是会做某件事(这种很强的规律性几乎闻所未闻),我们还是会想要知道**为什么**。

"是什么"和"为什么"这两个词巧妙地表达了这种差异。对化学家来说,它们可以是一码事。当你在适当受控的环境下,收集到足够的资料并对将要发生的一切充满信心时,你也知道这是为什么。但当德国社会学家马克斯·韦伯收集到足够的信息,自信新教改革中清教一派的发展和现代工业资本主义的崛起之间有极大的关联("是什么"的问题)时,他才刚开始。他想知道的是,**为什么**清教徒提出了一整套特别有利于现代企业方法的理念。他也想知道,为什么某一套宗教信仰能创造出关于工作和消费的新理念。他在清教徒的头脑里寻找答案。为了阐释这种现象,他必须先弄清。

社会学家对信仰、价值观、动机和意图的兴趣同时也带来了自然科学中未知的一些问题。为了了解人们,我们需要征集他们的看法或者他们对自己所做的事的"描述"。而且,在这同一点上我们可以退一步讲,并不只有进行了解才需要对动机有某种兴趣。甚至连**辨别**我们希望了解的社会行为,也需要关注动机。让我们回到先前的那锅水吧。液体何时变成气体,有几种界定方法,这些方法没有涉及液体的思想状态。但是,人的行为不能单纯地通过观察来加以鉴别。或者,换句话说,行为本身是不够的。假设我们对公共场合下人们如何互动感兴趣，我们可以在一个拥挤的火车站里，坐在一张桌子旁，边观察边记录。假如只局限于那些看得见的东西，我们就几乎了解不到什么。我们可以记下“面向站台的男人在空中举起手臂左右挥舞”。我们不会说“男人挥舞着手臂向站台的旅客致意”，因为第二种描述是对这个物理行为的一种具体诠释。事实上，他也许正试图舒缓一下紧张的神经。

对于文化背景与我们相同的人的极简单行为，往往可以假定我们知道这些行为的意义。我见过很多下火车的人，所以看见他们“挥舞手臂”时，我知道那是什么意思。但是现在假定，这个行为涉及下跪、弯腰和起身，同时伸开双臂。如果是在北京，这也许是一种锻炼；在开罗，或许是一个穆斯林在祈祷。最后，唯一能确定该行为意义的途径是（以某种方式）去问当事人：“你在做什么？”因此，甚至连对行为的识别也需要关注动机和意图。

对行为的解释更是如此。社会学家最终不得不以某种方式询问：“你为什么那样做？”但是提问（无论以何种形式）这个事实本身就是一次社会互动。人们所作的描述既可以是在真诚地重视过去的动机，也可能是在掩饰，为了眼前的利益。

在某些情境下，歪曲是明显的。我们可以确信，人们在法庭上自我辩护或认罪后请求减轻罪状时对自身行为的叙述，会完全不同于他们被判无罪或撤销羁押之后告诉朋友和家人的版本。叙述事件的人对叙述的结果感兴趣，而法庭本身要求以某种独特的风格叙述事件。我不是说正式的法庭陈述是假的，非正式的版本就是真的。我只是想表明，对事件的叙述本身就是一种社会活动，它不光是对早先活动的说明。

另一个例子可举宗教皈依的故事。在福音派新教徒圈内，对皈依者来说，讲述自身的皈依经历以“公开表明”其信仰是常见的事。人们只需听到这些表白的一小部分，就能认识到他们遵循着一些常规模式。皈依者在信仰方面受到一位教母的熏陶，这位教母竭尽全力使这个孩子保持正直而保守，但世间太多的诱惑，使这个孩子误入歧途，堕入罪恶的人生。无论人生有过多少愉悦，最终都化为难以吞咽的苦果。一些突发危机（通常是教母或某个至爱的死亡）使皈依者“悔罪”。“那晚驾车回家时，我感到自己罪孽深重。我意识到，如果我死了，就将去地狱。我停下车，祈祷耶稣进入我的人生。”日期、时刻和地点都有交代。在故事的最后，这位皈依者讲述了自皈依上帝以来他的人生变得多么美好。这类证词可能十分相似，因为它们旨在描述的基本现实是相似的。然而，鉴于任何在福音文化背景下长大的人都曾成百上千次听到过诸如此类的故事，那么，就很有可能这些相似之处是源自故事形式的普及性，以及这种形式在形成人们诠释自身经历的方法时所发挥的作用。

在对北爱尔兰那些支持政府的准军事部队成员的访谈中，我屡次遇到关于这个问题的一种说法。一些或许是因为长年抵制警察审问而变得极为缄默的人，故意贬低自己在恐怖主义犯罪中的作用。另一些人可能是为了使某个中间阶级学者“害怕”，则夸大他们的犯罪。其中有一个，极为热衷于吹嘘他的行为，以至于声称自己犯有凶杀罪，而我知道他并没有杀人。当我将此告知另一个政府支持者时，他嗤之以鼻：“啊，对你来说，那是贾奇·德雷德[①]。如果你问他，他会说他的悲伤超过意识到‘小

① 贾奇·德雷德（Judge Dread），原名亚历山大·明托·休斯，英国雷吉乐和斯卡乐音乐家。——译注

鹿斑比的妈妈'已经不在了。"然而,研究访谈本身歪曲了它所努力收集的那些证据,这个问题并不局限于对犯罪和其他极为敏感问题的研究。它渗透于各类社会调研,因为调研行为引入了新的变量。

在此仅举一例。过去,公众舆论的民意调查往往征求民众对此问题或彼问题的看法,在记述他们的回答时却没有考虑到一点:向人提问这一行为本身也许会引导人们就他们一无所知并且毫不关心的事物发表感受。加州的一次问卷调查中塞入了一个完全虚构的议题,该议题被假定将出现在即将来临的公民投票中。这个问题是:"你将会听到斯奈博修正案。你对此有什么看法?"给出的选项有:"强烈支持"、"支持"、"中立"、"反对"和"强烈反对"。大部分回答者都表示了支持或反对,其中,很多人还是强烈支持或强烈反对。或许他们认为,承认不懂访谈者所说的一切就会显得愚蠢。或许,他们只是想提供有帮助的信息。或许,互动的性质("我正在回答问题")使回答者完全养成了明确回答的习惯,以致惯性使他们忽略了轨道上的一处断裂。

我们可以从四个方面将人们所说的和实际所做的联系起来。首先,回答者也许想不起或不理解自己的动机。其次,他们也许完全记得或理解却故意装蒜。19 世纪实业家 J.P.摩根曾有一句话,对人想要体面和尊重的愿望一语中的,他说:"人的每个行为都有两个理由:一个好的理由和那个真正的理由。"第三,无论自我了解和乐于诚实的程度如何,叙述背景可能会对我们产生一种影响,使我们不能有把握地顺着人们所说的话去还原他们前期的心态。个体的多样性也许会被过滤为表面上的一致性:上述皈依证词就是一例。在这最后两类之间,我们可以加进第四个例子:集体掩饰。通常,一个群体的人的行为会有共同的理由，这些理由对他们来说是正当的，但通常，他们会诉诸一种公众更能接受的论证语言来“解释”自己的行为。譬如，肾衰竭或肺癌这类病症治疗成本高昂，医生在分配治疗名额时，可能会诉诸非正式的道德理由来决定哪种人**值得**关注，但另一方面，他们又声称这些决定完全是以医疗干预成功的可能性为依据的，从而避免了必须为道德推论提供理由。

对人们行为的原因和人们之后对行为的说法这两者之间的多变关系，一种可能的应对是不要试着去理解被哈罗德·加芬克尔贬称为“人的头脑里所发生的”这种东西。加芬克尔的学生中有更进一步者认为，我们无法从传统意义上来**理解**人。我们所能做的一切就是研究进行叙述的技术细节。因此，我们可以分析法庭话语的形式结构，但我们无法根据这种话语来决定有罪与否。我们可以用与分析管弦乐乐谱同样的方法来描述宗教皈依的证词，但我们无法把证词作为解释皈依的资料。

这是一个无根据的结论。没有任何魔力（即便施展得很恰当）会把有助于我们理解的信息从干扰注意力的杂质中区分开来。然而，法庭有时同样能获知真相；经验丰富的审问者能识破混淆视听的辩护；民意调查者能发现战胜“顺从效应”的方法；勤奋刻苦的研究者通过多角度的研究，能形成关于社会活动的某个模糊领域的定论。没有万无一失的方法并不意味着我们注定总是失败。假如普通人有时能从言谈中得出有根据的结论，为什么社会学家就不能呢？

迄今为止关于自然科学与社会科学之间差异的讨论，总是对后者不利。在此，我想提出一个全然不同的结论。我们来考虑一下驯马师的地位。长期的经验也许使他们自信对马匹了如指掌。但社会科学家一开始就有巨大优势，他们与研究对象在生理、心理以及许多文化层面拥有共性。我从未成为恐怖组织的成员，并且一直让我的人生避开暗杀和逮捕。但在自身的经历中，我能发现自己极为喜爱的事业、十分恐惧和深感愤怒的事件，以及引以为豪的或者非常羞愧的行为。即使研究对象如外国公民那样遥远，共同的人性仍足以在我们之间结起无数纽带。我们也许会误解，但总有机会消除困惑。我们因无法实验而丧失的任何分析数据，都可以通过与研究对象展开持续谈话而详细获得。我无法用实验来检验我关于恐怖分子的亡命生涯的看法，但我能直接和间接地把这些看法陈述给问卷回答者。

结语

总之，对于事实上的科学家在多大程度上能严格遵循自己在纲领性陈述中所设定的关于自身行为及其效果的高标准，无论我们可能持何种保留态度，我们都无须怀疑自然科学为获得有关物质世界的知识提供了可用的最佳模板。批判性的论证，诚实而细致的证据积累，检验观点的内在一致性及其与可用的最佳证据的吻合度，搜寻反驳（而不是支持）论点的证据，开展不受观念形态约束的思想和资料的公开交流——所有这些都可以被社会科学有益地采纳。然而，我们必须正确看待自然科学与人文学科的研究主题之间的差异。人有思想。人们的行为之所以如此，不是因为他们必须遵循一成不变的规则，而是因为他们拥有信仰、价值观、利益和目的。这个简单事实意味着，尽管社会学研究的某些形式看起来相当接近于化学家或物理学家的工作，但对社会学家而言，总是有进一步的事要做。我们关于解释的观念并不止于识别社会行为的规律。它还要求我们理解。

第二章

社会结构

对社会学的界定

大多数学科可以根据其关注焦点或基本假设加以描述。因此，我们可以说经济学家研究经济，也可以说，经济学家假定人类行为的一个根本原理是“达到最大值”的欲望。假如能在两家商店以不同价格购买到同样的产品，我们就会选择去较便宜的那一家。正是从这个简单假定出发，一个日趋复杂的假定体系渐渐扩展。譬如，经济学家继续假定，随着小麦价格的下跌，对它的需求就会增加。随着小麦价格的上扬，农民就会生产更多小麦。

同样，我们可以将社会学描述为对社会结构和社会制度的研究，社会学的内容通常被分成现代社会的阶级结构、家庭、犯罪和反常、宗教等主题。然而，罗列我们所研究的内容并不能使我们了解社会学研究方法有些什么特点。正如带有垂饰的手链一样，这种对社会学的描述将大量重要的观察悬在中心线四周，这个中心线由以下部分构成：现实是在社会中建构的；我们的行为具有隐蔽的社会原因；大部分的社会生活具有深刻的讽刺意味。

人类创造文化

当达尔文的进化论渗入大众文化时，人类便司空见惯地被看做只是极为聪明的动物。20世纪初，本能概念提供了一种解释人类行为的常用方法。20世纪末，基因图谱领域的进步使我们能对某些类型的疾病作出解释，人类受自身的生物学规律支配这一观点又一次流行起来。

要驳回生物决定论的那些更极端形式，一种简单方式是强调我们有意排斥本能的许多做法。我们也许有生的意愿，但我们可以自杀。女人也许有繁殖的意愿，但她们可以选择不生育并且仍然过着显然是很满足的生活。我们或许有强烈的性欲，但仍可能独身。假如我们注意到，在什么是直觉的这个问题上存在着相当大的文化差异，上述生物学主张便进一步被削弱。人们不仅自杀，而且在不同的社会中自杀率也不同，无子女家庭的比率也是如此。无论本能在我们的生活中起到何种作用，它都因文化差异而变得复杂。

然而，生物学能提供一个有用的起点：假如我们了解低等动物受生物性支配的程度，进而意识到这些规律在多大程度上**无法作用**于人类，我们就能看到文化的极端重要性。蚂蚁不考虑是否跟随领头蚂蚁。它们互相跟随，这是它们的基因编排使然。鲑鱼不考虑何处有利于繁殖，它们会自动回到先前的产卵之地。相反，人几乎没有从自身的生物性中获得指引，关于个体自我管理和群体协调的难题也就随之而来。正如我将要阐述的，接下来的一切完全是人为的，因为它提出的问题是我们已经解决的。然而，通过对这些问题的理解，我们会认识到这些解决方法的重要性。

在把人类状况的巨大潜力和其他动物享有的非常有限的机会进行对比时,阿诺德·格伦使用了“世界开放性”这个词。我们的实践能力远远强于其他物种。公牛能进食、走路并四处跑动,用头猛顶其他公牛,并趴到发情的母牛身上交配。差不多就是这样。公牛无法超越所处环境的限制。我们能在阿拉斯加的冰下建造城镇,在那里,那些从结冰的废料中提取石油的工人在热腾腾的电影院里可以一边享受水流按摩浴,一边观看好莱坞电影。我们**能**做的事太多,因此,如果没有关于我们**该**做什么的某些准则,我们将因难以抉择而手足无措。因此,我们通过创建惯例和形成习惯来简化这一切。今天有效的东西变成了明天的行为模板。我们每天大约在同一时间起床,吃同一类食物,穿同一类衣服。通过忽视我们的大多数可能性并将其余可能性中的大部分视为习惯,我们只将世界的一小块领域留给自由选择、经过思考的行为。

然而,即使习惯形成过程使世界的开放性易于把握,我们也仍会受到法国社会学家埃米尔·涂尔干所说的那种人天生的焦虑的摧残。涂尔干的出发点是:“没有任何生物能够幸福甚或能够生存,除非它的需求与满足需求的手段完全相称。”对于大多数其他动物来说,这种平衡的建立是“自动自发性的”。蚂蚁的目标单纯并由它的生物性决定。它所能实现那些目标的程度取决于它的环境。蚂蚁或者得到满足,或者死亡。因此,谈论一只不快乐或离群或受挫的蚂蚁是没有任何意义的。正如涂尔干所说:

当依赖自身资源的存在所产生的空隙被填满时,动物在需求得到满足后就不再要求什么。动物的反思能力还没有发展成熟，无法想象除了隐含于它自然本质内那些目的之外的其他目的…… 但对人类而言，情况并非如此，因为人类的大部分需求并不依赖于身体，或依赖的程度与其他动物不同。

来看一下我们摆脱本能或环境制约的后果。即使我们有再多的成就和收获，我们总是想要更多。的确，成功似乎只会激发更多欲望。年轻人想要一辆车。等攒足钱后，他买了一辆雪铁龙2CV型车。大概在一年当中，他感到满足。然后，他开始对路上所有超越他的车感到愤怒，并渴望一辆四个汽缸的汽车。等到又攒够了钱，他就换了一辆比雪铁龙2CV更快的沃克斯霍尔“万岁”。在接下来的一年左右时间里，他很快乐。然后，他想要一辆马力更大的汽车，渴望之情再度燃起。因此，他又鸟枪换炮，有了一辆沃克斯霍尔“骑士”。事情如此循环往复。即使在购买了梦想中的汽车后，他又会想要两辆车：一辆高速车道大马力轿车和一辆近郊四轮驱动的越野车。

某种程度上，这种苦恼是一个现代问题，是传统约束弱化的一种后果。另一种程度上，它是资本主义广告激发欲望的直接后果。但这也是一个普遍问题。涂尔干20世纪初的论断对非物质目标和物质领域同样有效。

人在行为、活动和努力方面的一切快乐表明，人的努力没有白费，通过努力他进步了。然而，当一个人没有前进目标时，他就无法进步，或者，当他的目标无限遥远时，情况也是一样。既然我们和目标之间的距离始终不变，那么，无论我们走哪条路，就都不如原地踏步。甚至连回顾走过的距离以及对此沾沾自喜也只能引起虚假的满足，因为剩余的距离并没有相应缩短。要实现一个根本不可能达到的目标必然使自己陷入永久的烦恼之中。

解决办法是**规则**。一种道德力量，一种明确了我们可以欲求什么以及应该如何实现愿望的共享文化，取代了生物学的束缚。为了填补格伦所称的“本能的丧失”所留下的这个空白，人们创建了社会准则。其中的一些准则可能由正式法律确定，但绝大部分只是约定俗成。没有任何法律规定白领管理人员应该穿黑色两件套装，然而，每个渴望获得高级管理职位的人都知道如何着装。就有效性来说，这种约束不是仅仅做做样子，而最主要地是深植于内心。我们通过社会交往而融入文化，这样，文化的要素便嵌入我们的人格之中。

给定一个能使个体获得满足的体系，假如我们能在其中看到文化的重要性，世界开放性——协调共同行为——的第三个问题就会更加显而易见。与蚂蚁和蜜蜂一样，哪里的交流和协调自身是生物性的，哪里就没有困难。一只蚂蚁不需要翻译另一只蚂蚁发出的信号，它自动地对分泌物作出反应。甚至像在蜂群中安排职能这种复杂的问题，蜜蜂也不会为此发生争执。对于蜂王之死，它们的自动反应是，通过给另一个卵喂食遗传物质来造就又一个蜂王。

角色

人类生物学在构建人类社会方面毫无建树。年老也许使我们变得虚弱，但不同文化在赋予老年人的威望和影响力方面具有相当大的差异。生育是作为母亲的一个必要条件，但这还不够。我们期待母亲的行为举止具有母性并表现相应的母爱。我们规定了一些支配着母亲**角色**的规范或标准。社会角色独立于生物基础，这可以通过回到前文加以证明：对成为一个母亲来说，生育毫无疑问是不够的，而正如领养和抚育表明的，生育甚至也不是必需的！

人们所期待于母亲或父亲或孝子的，在细节方面也因文化差异而不同，但无论在哪里，人的行为举止都是通过角色的**交互**特性得到协调的。丈夫和妻子，父母和子女，雇主和雇员，侍者和顾客，教师和学生，军阀和追随者——每个只因与另一个的关系才有意义。“角色”这个词是一个恰当用语，因为剧中演员这个比喻恰好表达了大量社会生活受规则支配或完全顺从于规则的特征，也表明了社会是一个联合产物。社会生活之所以存在，是因为人们各自扮演自己的角色（战争和冲突如此，和平和爱情同样如此），那些角色只有在整部戏的语境下才有意义。这个戏剧的比喻也提醒我们，演员在艺术上可以有一些出位。我们可以忠实地扮演一个角色，或如下述来自萨特的引文所表达的，我们可以表演过火。

> 我们来看咖啡馆里的这名侍者。他快速向前移动，准确得有点过头，也过于迅速。他朝顾客走去，步履快了点。他过于殷勤地弯腰；他的声音、他的眼睛表达了对顾客点菜过分的热忱和关注。最后他转回来，试图模仿一种僵硬的走路姿式，像是一个托着盘子的步伐机械的人，像一个空中走索者那般不顾后果……他所有的举止在我们看来似乎是一场游戏……但是他在扮演什么呢？经过短暂观察后，我们就能解释这一切：他是在扮演咖啡馆的一名

侍者。

美国社会学家欧文·戈夫曼将社会生活比喻为戏剧，并对此进行了大量有影响力的社会分析。或许，他最有力的观点是，只有通过扮演某种角色，我们才能表现品格。仅仅本性邪恶或善良是不够的，我们还必须看起来是邪恶或善良的。

我们将在下文对所扮演的角色和某个更深层的自我加以区分。在此，我们可能注意到一些角色比另一些更有趣。如果一位女侍者扮演角色的方式向我们暗示，她远不止是自己的职业角色所展示的那样，我们不会感到惊讶。但我们会对“假心假意”扮演角色的父亲感到惊讶和反感。一些角色比另一些更宽泛，更深远。称某人为牧师或信仰医治者，比称他是公交司机更能说明这个人。在此，我主要想说的是，在缺乏强有力的生物联系时，交互角色为协调人的行为提供了机制。

分类与类别

为了防止我的中心论点与某个相关论点混淆起来，我想简要地说点题外话。涂尔干和格伦经常被狭隘地误认为是政治上的保守分子。如果我们只注意到他们对政治稳定的关注，便没有抓住要旨。人的一切行为，不管是保守的还是激进的、反革命的还是革命的，都需要进行某种基本的分类。托马斯·霍布斯担忧，如果没有某种外在力量来强制实现文明礼貌，人们就会损害整体利益来谋求私利。我认为，即便这样的追寻私利也需要相当程度的共同文化。甚至无政府主义者也必须稳定他们的品格，相互交流，理解敌人！

正如本能适合于其他动物的需要，我们创建了适合于我们的社会机构，这使生活变得容易。通过使行为程序常规化，将它们或者画在“背景幕布”上，或者写入剧本，我们可以为即兴创作和有意识的选择留出一个自由区域，这个区域大小适中，便于个人和团体管理而不会变得不知所措。

然而，虽然在冷静思考之下，我们能看到生活的大部分内容依循前人之路是有好处的，但现代人还是时常为人生的非人格化和可预知性感到沮丧。正如劳里·泰勒和斯坦·科恩在《逃逸的企图》中所阐述的，我们经常试图区分我们所扮演的社会角色与真正的“我们”。跟萨特的侍者一样，我们的行为方式向观众表明，我们不只是我们所扮演的经理、公务员、公交车司机、父亲以及忠贞的配偶等角色，我们还能超越它们。我们可以利用业余爱好、假日以及周末旅游来构建一个表面人格，这个人格独立于我们在日常生活的最重要现实中所处的地位。然而，这强化了格伦关于共有法则之重要性的例子，即使这些逃逸企图是寻常且反复的。羊不用思考就会选择同一条最不费劲的绕山路，同样，即便在我们认为自己正从事着大胆、激进、反传统的行为时，我们仍倾向于循规蹈矩的生活。因厌倦妻子和家庭，一位中年实业家试图通过与秘书的恋情来重新发现自己的独立性（以及青春）。他想象自己是探险者，正在向未知的水域挺进，但在企图逃避日常生活中令人压抑的例行公事时，他只不过是接受了另一个出色运行的脚本。他爬越了监狱的围墙，暂时获得了所想象的自由，但很快又得出结论，自己只不过是跌入了另一间监狱的活动场地内。

文化的可靠性

上文是对现实是在社会中建构的这一观点的拓展。与那些认为人类行为的规律源于我们共同的生物性的观点相悖，社会学视角首先指出人不同于其他动物，因为人的世界是开放的，具有发展的可能性。因此，我们发现的这些规律性（我们发现它们，往往是因为它们对保持心理稳定和社会稳定十分重要）是文化的产物：它们是由人构建的。文化不可能被归结为生物性。

关于这个断言，还有一种不起眼却很重要的说法。即使客观刺激与我们的行为有关联，影响我们行为的却是我们对那些刺激的**解读**。想一想我们是如何“喝醉”的。在酒精的代谢方式上，澳大利亚土著农民、纽约实业家、苏格兰医科学生和意大利儿童之间不大可能存在重要差异，不过，当这些人喝酒时，他们的行为却有巨大差别。我的意思不止是不同文化对醉酒有不同看法，尽管这也是事实。在北大西洋上出海一周后返家的渔民所能接受的，并不会出现在东京的商务午餐中。我的意思是，文化“覆膜”已有如此效应，以至于不同民族的人**期待**酒精以不同方式影响自己，并且的确由此而形成了不同的感受。同样的酒精量，在一种文化背景下引起步履不稳、语无伦次和失控的傻笑，在另一种文化背景下却可导致静思默想与平和情感。或者换句话说，我们知道了该期待什么并且大体上发现了它。正如霍华德·贝克尔在《成为一个大麻使用者》这篇极为重要的文章中所论述的，同样的客观情感既可以被解释为兴奋也可以被解释为恶心，学会感觉前者而非后者则是成为一名吸毒者的关键。

这将我带回到社会学中对初学者来说非常难的一个方面。把世界分成真实的事物和想象的事物（客观的外部现实和主观的内部景观）——这样的划分非常诱人。我有一个学生，此人既不善言辞，对荒唐可笑的人又没有意识；他在设法总结对精神分裂症的生物学解释所发出的批评时说：“看得出，精神病都是空想出来的！”也许如此。但令社会学家感兴趣的领域既非“完全在头脑里”，也非完全处于我们的意识之外：它介于主体之间。假如有足够多的人都以类似的方式想象一些事物，那么这些事物就可能具有一种与“客观”世界难以区分的永久甚至压迫性的现实性。在考虑如何解释我们的行为时，美国社会心理学家 W. I. 托马斯写道：假如人们确定情境是真实的，那么，其后果也是真实的。一个相信房子着火的人会逃离这所房子。房子没有被烧毁这个事实证明他的信念是错误的，然而，要搞懂为什么这个人要逃离房子，重要的是他的信念而不是“事实”。

假如我们思考一种社会制度，例如宗教，我们可以在更大的规模上得出同样的观点。社会学家不希望卷入判定哪种宗教信仰正确（假如有正确信仰的话）这种难题中。我们只需要注意到宗教信仰数以百计，且多数基本上互不相容。如果罗马天主教徒是对的，那么，基督教新教徒、穆斯林、印度教徒和佛教徒就是错的。因此，我们至少可以接受的说法是：有一种或更多种宗教信仰是错误的。然而，宗教信仰体系可以有极大的影响力。在中世纪，基督教会发挥着巨大作用。它统治着国家，它的信仰塑造着社会的高层文化和人们的日常生活方式。通过宗教仪式和贯穿其中的观念，教会观照着出生、婚姻和死亡以及季节变化的周期。尽管复杂的神学知识仅为受过教育的少数人所掌握，但几乎所有的人都知道有一个上帝，他创造了人间、天堂和地狱，他规定着某些类型的行为举止，他赏罚分明。甚至连那些不特别虔诚的人也使自身的行为符合教会对神意的解释，并时常乞援于教会神奇的魅力。神圣的护身符、圣水、圣徒的遗物，以及价值堪比一座森林的圣十字架碎片，这些是敬奉之物，是促进健康、改善社会关系和提高农业生产力的实用手段。毋庸赘述：不论中世纪基督教教会是否拥有“真正”的宗教信仰，人们都相信它拥有并依此信仰行事。

然而，社会结构只有在被**共享**时才切实可行——这一点至关重要。它们可能是虚构的，但假如人人都相信，它们就不再是信念了；它们就是“真实事物”。但是，只由少数人共享的世界观则没有获得那种可靠性，它依然是信念。假如只有极少数人或只是某个人享有这种信念，那么，它会被视做疯狂。

至此，我已进行了简化，假定对主体间的可靠性而言，重要的是数量：多数人的观点是准确的描述，少数人的观点则是应被拒斥或纠正的病理学。这一点很重要，因为一种世界观要获得极大的合理性，还是要诉诸体现它的世俗行为，诉诸这些行为不易察觉的重复发生。当每一次对不幸的反应都是祈祷，当每次分别都互道“上帝与你同在”（我们现在使用的“**再见**”的原型）以示庄重，当对好天气的反应是“赞美主啊”，世界理所当然会被认为是由上帝创造的。通过这种方式，共识赋予信念极大的力量。但是，值得指出的是，不是所有的观点都具有同样的影响力或说服力：个人和社会团体“界定情境”的能力有差异。正如彼得·伯格所说的：那个有最大棍棒的人拥有将观点强加给他人的最佳机会。我们可以补充说，把什么当做棍棒则因社会而异。

假如我们待物和行事的方式不是“自然的”，即不是来自我们的生物性，而只是文化的一种结果，这是否就意味着，我们居于其中的这个通过社会化而建构的世界是脆弱而易变的？前文给出的回答是否定的。在1800年的西西里，一个孩童长大后基本上没有机会不成为天主教徒。但多数社会不满足于将文化的合理性诉诸共识。用被马克思通俗化了的术语来说，他们也进行**物化**(reify，源于拉丁语 re，即“事物”，意思是“使之如物一般”)。

假如格伦和涂尔干是正确的，即文化为人类所做的就是本能和环境约束力为其他物种所做的，那么，我们必须经常刻意地漠视文化的人类渊源。假如我们公开承认我们的各种制度与机制具有社会建构的本质，并对其他民族以不同方式行事这一事实过于熟悉，我们的体制就会丧失信仰。

在实际生活中，我们有很多种手段来进行物化。举个纯粹个人的例子吧。我认识的一位老太太不“喝咖啡”。但每天在同一时间，她有“咖啡时间”：这意味着她遵循某种不由自己设计的时间表。她的喝咖啡时段表现为一种义务。“咖啡时间”不仅要有咖啡，还要有饼干，因为“没有饼干单喝咖啡太湿”。作为一个在漫长一生中几乎没有去上班挣钱的人，很显然她可以随心所欲安排自己的日程，但她却把自己的生活视为一系列义务，甚至偶尔还从反叛这些义务中得到快乐。

在更大规模上，我们可以注意到，大多数社会都在为其体制寻求超合法化。原始狩猎者认为，他们之所以用这种独特的方式狩猎，是因为猪神教他们如此狩猎。中世纪君王们声称他们得到神的支持。维多利亚时代的一位赞美诗人写下圣歌《万物光明而美丽》，其中有“城堡里的富人，大门口的穷人，上帝创造他们，高贵的和卑贱的，安排了他们的财产”的歌词，特意说服穷人接受现状。无疑，对这首广为传唱的赞美诗的反复吟唱，的确有助于阻止下层民众变得失控。正如社会的差异在于其权力的渊源不同，它们在可被称为特定社会机制的超合法化方面也有差异。如上述三个例子所示，宗教社会把权威归结于上帝或众神。在 19 世纪和 20 世纪初的西欧，宗教解释变得越来越难以令人信服，人们开始要求用科学来解释一些特定的等级秩序。因此，指定富人和穷人的财产的不再是上帝，而是他们的遗传物质，或如玛格丽特·撒切尔和罗纳德·里根这样的经济保守主义者会赞成的，是神秘而不可战胜的政治经济规则。社会之间的差异主要在于谁或什么被认为创建了社会秩序——与这一点相比，我更关注的是下面这个抽象的观点：物化的近乎同等的普遍性表明，它不只是支持影响力强者，它还服务于一个更大的目标。

物化如此普遍的一个理由是它包含了一个基本真理。就个人而言，我们谁都没有创建形成我们生活方式的社会体制；我们生在其中。那些构建着我们的行为举止并限定着他人对我们的期待的角色，在我们来到这个世界之前已经存在，并且在我们离开这个世界后仍将继续存在（无疑会被稍加修改）。现实可能是通过社会化建构的，但从整体来看，它不是由任何单个有名有姓的个人造就的，它无疑跟我们中的任何一个人几乎没有或根本没有关系。语言是惯例所具有的强制本质的一个恰当例证。当然，语言是由人设计的，但它的基本形态是直接呈现给我们的。尽管我们可能对它进行修改（我们中的一两个人可能实际上造成某个重大变化），我们的总体感觉却是，我们只是沿袭着业已存在的一切。

总之，我们能认识到现实是通过社会化建构的，无须作反向推测，即假如我们不再将某种情境界定为真实的，那么它将逐步消失。社会体制可以具有极大的力量，单纯地通过展示其人类渊源（特别是通过展示一些团体比另一些团体从某些体制中受益更多）来对它们加以“解构”，并不会使它们消失。

结构层：工作中的人

宗教团体惯于声称其组织架构是上帝指定的，但政府机构、商业集团、工厂以及其他“正式组织”却被欣然承认是由人创建的。我们常常说得出创建某个团体或从根本上改变其结构的那些人的名字。然而，在此领域，社会学在“揭示”正式机构应该如何和它实际如何运作之间的差异时也可以是彻底的。我们可以把社会建构概念看做一种邀请，邀请我们去体会一座大厦的原始设计图与实际建造好的大厦之间的差异。

这种研究的一个最佳例子是麦尔维尔·多尔顿 1959 年出版的《管理者》一书。为了充分体会多尔顿这部著作的重要性，我们应回到马克斯·韦伯关于官僚制的著述。关于现代社会与先前社会有何不同，社会学的三位奠基者都有自己的高见。对马克思来说，不同之处在于阶级。对于涂尔干，在于共同准则的崩溃。对韦伯来说，在于理性的兴起。在此，我会对这本书里所给出的所有对立项加上适合的限制条件。尽管这一限制条件会简化我们的叙述（如果我们声称如此的话），但是，社会发展的各个时期之间不会有清晰的界线。几乎不存在界限分明的断代。一个时期盛行的观点和习俗只是逐步地被其他时期的观点和习俗取而代之，许多观点和习俗会在特定的地理区域和社会团体中得以延续。当社会学家从时代的角度谈论社会变迁时，他们跟漫画家一样，会抓住并放大社会中最重要的特征。假如篇幅允许，此处所述的一切还会补充很多限制性细节和例外情形。但由于篇幅有限，我只能继续进行总括性的概述。

在一个由历史悠久且横跨众多行业的社会纽带联系在一起的民众小团体（即我们所说的“社区”）里，人际互动可以受到面对面的监测和协调。某个有问题的人可以被"谈话"、被回避,如果有必要,也可以被排斥。决议可以通过协商和共识达成。当这个小型社区被大规模的社会取代时,所涉及的人的数量和复杂性都要求有一种完全不同的管理模式。二十名共享牧场的小农场主可以定期碰面,决定每人有多少头牲畜可以使用公共牧场。而北海石油勘探和开采的地段分配,则需要正式机构来完成。

现代化的一个特征是理性官僚制的大量增加。官僚制不是工业社会的发明;正如韦伯所指出的,中古时代的中国人相当精于此道,而在过去两千年的大部分时期,基督教教会都是以官僚制组织起来的。但韦伯认为,现代社会在生活受理性支配的程度方面不同于传统社会。

上面这一点将在第四章进行进一步论述。在这里,我想概述韦伯对现代组织的描述。首先,现代官僚制将职位与位居此职的个人区分开来。当司法长官辞职时,权力就被移交给下任长官。职位与任职者之间的区别也适用于酬金。一家工程公司的资产属于公司,而不属于那位恰好是经营主管的任职者。作为重视企业命运的一种激励,我们可以给管理人员一些公司股份,但一般来说,他们所拿的薪水与公司资产无关。为了看清与此不同的其他操作方式,我们可以考虑中世纪的包税制。人们通过许愿为国王增加一定税额,来争取收税员的职位。于是,他们想征收多少就能征收多少,并且超过他们许给国王的上缴额度。这样做也许能有效地将财源上缴给国王,但这也鼓励收税员敲诈纳税人。而现在,我们的税收与收税员的薪水收入则完全分离。

其次,官僚制根据工业劳动分工的方式来处理事务。诸如打仗这样的复杂行业被分解成不同的组成部分，因此，每种工作就有且仅有一个职位来负起责任。军火部门组织武器的生产，医疗队医治伤员，出纳室负责士兵的工资，等等。这种劳动分工不仅保证一次性完成一切必要事务，而且也使任职者精通被指定的业务。这也意味着，对新的官员可就工种所需的专门技能进行训练和考查，而专业能力可以为晋级提供合理的标准。

在各项任务的划分中，职位安排有明确的等级，指令序列清晰。所有管理人员都知道他们该听谁的和该向谁报告。

最后，任职者的职责是由普遍适用的规则来规定的。所有情况（与其说他们是人还不如说是“情况”）都用同样的方法处理，并且所作评判只涉及当前事务。现代收税员向自己的朋友、亲戚以及教友并不比向陌生人收更少的税：他们将同样的规则用于所有纳税人。

乍看之下，且从远处看，这一模式对现代社会和传统社会之间的主要差异作了很有说服力的描述。1900 年的德国军队，19 世纪宗教改革后的英国教会，或美国国税局，这些都是充分的证明。然而，韦伯的描述读起来也像是某种公共关系的训练。的确，20 世纪前半期政府机构和私人公司提供的许多自我介绍，读起来都像是由某个谙熟韦伯对理性官僚制的论述的人写成的。

多尔顿对现代组织之理性的怀疑源于他 1950 年代初的亲身经历，那时，在一座被他称为马格内西亚的美国城市里，他担任着两家制造公司的初级经理。白天工作时，他观察自己及同事们做事的实际方式。他的结论是，在正式结构和运行程序与公司实际运行的方式之间存在相当大的差异。在那个时代，管理的普遍理念是它是“科学的”，遵循着切实理性的方法来获得解决问题的唯一最佳途径。多尔顿表明,管理是一种利己的政治活动,涉及谈判、妥协,并承认不存在唯一的解决方法。多尔顿洞穿了商学院和公司企业所给出的作为人类行为理想模式的管理者的行为方式,揭开了现实:他们做事,是因为他们在工作,然后用组织的规章来为某些根据非常实用和实际的理由作出的决定赋予一种理性的假象。

多尔顿给出了众多例证,在此仅举三例。某公司对零件和材料有严格的控制,这些零件和材料只有在出具货单说明用途时才能签字出库。然而,生产线的管理者却认为,手头直接存有这些零件和材料可以防止高成本的延误。为了阻止此类囤积,公司要求人事管理部门进行突袭式的储备审计。但检查人员在工作中也需要那些生产管理者的合作。因此,检查人员并不采取突袭式的检查,而是事先把话传出去,他们将于何时、沿哪些路线检查。生产管理者于是把违规的存货放在电车上,这样他们就可以快速地将它们转移出检查路线。结果是,检查者没有违反公司的正式要求,同时也保持了与生产人员的良好关系,让他们继续做事。

多尔顿也关注职务的任命和升迁。他发现不少高级管理人员既是共济会会员,又是游艇俱乐部的成员,数量超过了正常比例。显然,他们之所以被任命,是因为他们是"我们中的一员"。他们善于操纵政治交易和战略交换的非正式体系,以达到目的。他们也是非正式小集团的成员,这些集团要求得到尊重。尽管这些特征不属于选拔管理人员的正式标准,但多尔顿从管理的角度表明,它们具有实际的意义。

言辞与现实之间的差异的第三个例子,与权威的等级制和职务的权力相关。多尔顿曾工作过的那些公司遵循韦伯的模式——清晰的问责机制和明确的职权分工。但在那些形式上享有同等地位的管理人员中，一些人比另一些人拥有更大的权力和影响力。底层人员很清楚某些上司无足轻重，可以把他们交办的工作放到最后处理，但另一些上司是“有前途的人”，这些人应受到格外尊重。在某种程度上，这反映了能力；不是所有在形式上担任同等职务的人都同样地精通业务。在另一种程度上，它反映了某种取向。某人已接近退休年龄，他只想过安静的生活，而另一个则年轻有为，抓住每个机会来加强自己的职权。如果用角色的语言，如莎士比亚的《哈姆雷特》，我们可以说，人物角色是预先设定的，但演员在表演这个角色时，却保留了相当多的自由。

一个复杂组织的现实并不反映其形式结构，这已不再令人惊讶。我不想去确定犬儒主义的传播与揭露行为的盛行始自何时，但在20世纪的大多数时期，我们都可以看到诸如以下的文化成果：西格弗里德·萨松在第一次世界大战的战壕中写下的生活日记，或斯派克·米利根在第二次世界大战的英军行伍中的生活故事。就目前而言，多尔顿所提出的观点对我们来说已不足为奇。尽管这样的观点已是老生常谈，但这不影响它的真实性和重要性。显然，有着明确界定的正式组织总是由于内部成员的活动不断地被塑造和重塑。这不是说它们是混乱的，缺乏组织。这仅仅意味着，正式组织的那些原创理论家们没有正确指出“正式”这种性质的**位置**。多尔顿的公司运行顺利，因为它们拥有管理者和员工之间业已达成共识的颇为清晰的目标（虽然这些目标有时相互冲突）。他们创造出并维护着属于自己的对怎样运行企业的实际理解，假如被要求对自我进行解释，他们也学会了使自己的行为成为合乎逻辑地遵循正式结构和操作程序的结果。

结构层:违规者

现实被反复重建,成为多个层级——这可以通过法律和违法者的例子加以说明。毫无疑问,法律是人类创造的。有关的政治学和法学的书籍可以列举出那些立法者。在英国,议会制定法律。在美国,国会和参议院制定联邦法,而各州的立法机构制定州法律。此外,我们可以看到,尽管审判员和法官只应当解释和应用法律,但应用本身就可能创立新的法律。在一些文化(如毛拉统治下的伊朗)里,有人会通过声称法律神授来为法律寻求超自然的合法性,但即便在此,我们也能辨别出毛拉,正是他们对《古兰经》的诠释形成了伊斯兰教教法,或者说宗教法。

我们可以以法律的存在为出发点,并假定我们可以欣然理解哪些行为属于违法。我们辨别出某种行为(比如男人将自己的性兴趣指向不情愿的女人),再对照法律模板,看它是否是犯法的。遗憾的是,事情并非如此简单。首先,许多法规本身是含混的。甚至非常具体的法规也难以明确规定,在各种想象得到的情形中它们该如何应用。其次,许多行为潜在地受制于很多法规,它们之间并不总是完全吻合。法律会逐步积累。制定者们也许会尽他们最大的努力协调新法与现存法之间的关系,但两者之间的冲突将无法避免,因此,即使相关的行为没有争议,应由何种法律机构对它进行裁决也很可能会引起争议。

此外,对法律的应用很少一以贯之。举开车超速这个相对简单的例子。在英国的主干道上,时速限制是每小时六十英里。但是,交警很少制止那些每小时开六十五英里的人,原因是测量设备和汽车速度计没有精确到足以确认故意超速。然而,甚至这种新的“真实”的时速限制也没有被公平地应用。这里的本地警察执勤时接到的报警多到难以应付，而且，乡间公路上的超速不会优先处理。当没有其他事要处理时，在驾车者习惯超速的某个直行路段，交通队会将警车停放在一排山毛榉树后面，伺机逮住几个肇事者。之后，他们就回去处理更紧迫的事情。因此，被当场抓住超速的可能性取决于执勤期间其他报警事件的紧迫性。此外，警察对超速司机的反应不仅取决于“事实”（诸如时速与路况），还有赖于驾车者的态度和举止这些无形因素。假如驾车者看上去不是那种惯于无视速度限制的人，那么，最可能的制裁是一顿严厉的训斥。假如驾车者咄咄逼人且“看上去像一个超速者”，那么，他更有可能会受到记名警告和罚款。在决定如何作出反应时，警察不仅问“违法了吗？”而且还问“这个人可能再次违法吗？”

因此，我们从简单的公式，即犯罪就是违反法律开始，很快就发现事情极为复杂。的确，决策和解释的滤层看起来如此之多，以至于我们可以更准确地说：（1）**犯罪就是由恰当的官员裁决的违法**；（2）这些裁决的根据包括许多“超法律”的因素或（如上例中警察对那个推定罪犯的未来行为的猜测）至多与法律问题具有某种复杂社会关系的因素。这或许已对我们的出发点作了重要的阐述，然而，警察当然不是唯一参与辨别罪犯的人。检控方必须决定是否提起公诉，如果提起，又是何种罪由。法官和陪审员们必须审判这个案子并且作出裁定。

刑事司法制度是一个反复的社会建构的复杂过程，每个组成部分都受自身利益的驱动，并受到其他部门决策的影响。警察对家庭暴力的处理为这类反馈机制提供了很好的佐证。在1960年代，警察一般忽略“家庭矛盾”。他们对此的解释是，家庭暴力的受害者通常拒绝出庭作证，法庭往往无法证明施暴者有罪，即使证明了，也只量以轻罚。对于警察机关来说，他们有太多消耗资源的事要做，“家庭矛盾”似乎不值得花费力气。然而，这种情形在1970年代开始转变，当时，有组织的妇女团体设法引起媒体对家庭暴力的关注。这最终影响了法官，使其对家庭暴力不再那么容忍。新的制度被设计出来，以减轻原告（在调查和起诉阶段）的压力，这反过来导致更多的控告，证人更愿意出庭作证，警察产生“工作卖力会获得奖赏”的预期，因而愿意采取更有力的行动。由此，我们逐步地看到家庭暴力的社会建构在变化。

社会上存在大量的家庭暴力犯罪，而受到报道、记录、处理和审理的案件所占的比例是动态的——这种看法仍然假设，司法过程的基本素材是可被明确划分为犯罪与非犯罪的世界。然而，还可能有另一种更为激进的观点。假如情况的确是，原始行为的“实际”状况比在过滤阶段介入的各种因素对最终结果影响更小，那么，说进行社会界定或**贴标签**这样的行为实际上是犯罪行为的源头岂不更准确？一位道德哲学家或一名警察可能想说，“犯罪性”是原始行为的一种特性，有些犯罪行为被发现，有些则未被发现。假如我们对真实世界里的行为的后果感兴趣，那么最好还是将“犯罪性”视为官方界定者贴于某些行为的标签的一种特性。

用“贴标签”的观点来看待犯罪和异常行为在1960年代后期流行起来，显然，它的主要吸引力在于对社会秩序抱明显的激进态度。这种“贴标签”的视角在面对那些含混不清又处于临界地带的案例时非常有说服力。一个英式橄榄球俱乐部举行的宴会给某个宾馆造成相当大的损害，这是狂欢作乐还是严重的流氓行为？一位上了年纪的夫人相信外星人拿走了她的电视机，这是怪癖还是精神病呢？一位小店主篡改他的纳税收入，这是欺诈还是企业家的想象呢？船上的索具堆里发现了一个渔民的尸体，这是自杀还是意外死亡呢？鉴于这些行为或事件可以有种种解释，贴标签的方法似乎是合理的。它有极大的优势，那就是将我们的注意力引向这样的事实：最终的标签将既归功于发现也同样归功于创造性的解释。它让我们看到与这类解释相关的各种各样的利益纠葛。我们可以尝试作以下种种猜测。由上层阶级的橄榄球俱乐部造成的犯罪损害会被界定为"兴高采烈"，而劳动阶级足球迷同样的行为却被视为肆意破坏公物。假如上述年老的夫人在经济上自给自足，同时又不是某个家庭单位中的重要人物，那么，她的怪癖更可能被容忍，而不是成为治疗的关注点。与偷"别人钱"的社保骗子不同，那个通过欺骗收税员来保住"自己的钱"的商人受到的惩罚会更轻一些，即使他们一样损害了公共利益。假如那位死去的渔民有亲戚，并属于某个保守的宗教传统，与他独身一人并且不是宗教徒相比，他不明不白的死亡就更有可能被判为意外死亡。在所有这些例子中，我们可以看到某种行为是被判定为犯罪还是异常行为，并不依赖于行为本身的特性，而是由介入贴标签过程或界定过程的种种因素来解释。

在更真实地描述犯罪与异常行为方面，贴标签的做法很重要，但这种方法因疏忽了社会界定的两个重要方面而言过其实。首先，某些社会规则实际上很简单。在任何特定的社会或者亚文化里都可能有这样的共识，即我们往往无须考虑在标签法中被视为关键的社会界定的过程。尽管一些野蛮的肢体接触可以通过解释消除责任（"她从楼梯上掉了下来"），另一些可以得到合理的解释（“我以为他拿着刀要捅我”），但是还有各种各样的大量案例，我们中几乎所有人都能把它们**正确**归类为“用致命武器袭击”、“严重的身体伤害”、“谋杀”，等等。尽管各种古怪行为可以被当做怪癖加以忍受，但同样，也有那么多种的古怪行为可以毫不迟疑地被视为需要治疗的疯癫。也就是说，尽管我们之所以知道某事是一种犯罪或异常行为，只是因为社会是如此界定的（贴标签观点），这些界定也还是可能变得很完善以至于大多数人能够相当公平地使用它们。

标签法的第二个弱点是它或多或少地忽视了良心。这一点使我能正式地介绍**内化**这个概念。从它最强的意义来看，标签法意味着未经界定的犯罪不是犯罪。但是请看：一个男人在杀妻并将其埋于天井里十年后，走进警察局，要求与侦探谈话，并供认了罪行。他这样做是因为一直被罪感折磨。他不需要任何外界权威把他的行为归为犯罪；他自己的良心已经这样做了。尽管他通过社会化而吸纳自身所处文化中的规范，还没有彻底到能阻碍他杀人的程度，但他已经充分内化了那些规则，内心的社会声音使他不能为所做的事感到心安理得。

说到良心，我可以重申本章第一节所隐含的一个观点：当人类文化的外部特征在人的头脑和人格内部被复制时，人就变得社会化了。回到前文的戏剧比喻，在一个稳定而成功的社会里，演员不仅仅练习角色的对话。他们是“体验派演员”，完全融入而不只是在表演角色，他们活在了角色中。脚本和舞台指导这些外在辅助不再是必不可少的。演员呈现了人物。

社会学有很大一部分内容就是要理解这一切是怎么发生的。社会学的重要原则之一是，他人的看法对人如何看待自我有很大影响。在论述社会作为一个由环环相扣的角色构成的体系时，我已对这个现象在宏观层面上进行了阐释。作为父亲，必须有子女。作为教师，必须有学生。作为一个好父亲的必要条件是，子女认为你是个好父亲，并且其他人（如配偶、子女的祖父母外祖父母们、朋友以及邻居）也是这么认为的。

当我们意识到他人的看法对**习得**某个角色的作用时，上述情形便可以用个人的动态的词语来说明。一名男子试探性地采用在他看来与一个好父亲相称的方法行事。随后，他便本能地监测子女和亲近的人（正是这些人观察着他的表现）的反应，并根据自己所认为的他人看法来调整行为。假如感觉得到了认可，他可能为自己所做的一切感到自豪和愉悦。看到敌意、缺乏理解、恐惧以及厌恶时，他可能感到惭愧。伟大的美国社会心理学家查尔斯·霍顿·库利创造了"镜中我"这个词，来描述通过对他人眼里自我形象的反应而获得某种身份这个过程。有时，这种监测是正式而公开的，即这名男子与妻子可能就好父母的原则进行辩论。但多数情形下这种监测是非常低调的，几乎察觉不到。

社会互动的特征带来的一个重要结果是，确定某人是谁或某人是什么的企图可能会**自我实现**。如果一个女孩总是不整理她的房间，不按时做好准备工作，即使做简单的事情也不收拾起专用工具，她的父亲会反复地把她描绘成一个"傻瓜"：可爱但无能。如果这种称号及其隐含意义被父母和其他亲友频繁复述，这个女孩完全可能将她自身的这种形象内化。她会认为自己无能，并且越来越表现出自己的无能。原本是作为对某种现有性格的有效描述，却在事实上创造了它自以为自己所观察到的东西。

对这一描述，需要补充许多重要的限制条件。首先，被贴上标签的这个人不是被动的。身份是**协商确定的**。那个女孩可能找到方法来回应父亲对她的看法，而不只是简单地接受。父亲反过来又可能发现新方法来理解她的行为，比如将“傻瓜”变成“心里明白的孩子”。再则，并不是所有与这位女孩接触的人都对她具有同样的影响。乔治·赫伯特·米德谈到过“重要的他者”。对于孩子来说，父母（或者他们的替身）是最重要的他者，但年长的朋友和其他亲戚也可能有影响力。在日后的生活中，那些身处正式职位的人变得重要起来，我们甚至可能受到想象中抽象的“参照群体”应当会持有的观点的影响。在撰写本书时，我很清楚社会学家这个群体可能会有的反应。

在教育社会学领域，大量研究非常有效地运用自我实现的预言来解释学校如何无意地再造着社会阶层。我们从屡次的调研中了解到，父母是劳动阶级的子女比起父母是中产阶级的子女更有可能最终成为体力劳动者。我们还知道，甚至当我们比较具有同等智商的孩子时，结果依然如此。然而，我们也了解到，很少有老师有意识地歧视底层阶级的孩子或故意给他们低分。那么，阶级是如何再造的呢？无疑，答案是复杂的。聚居模式往往反映社会阶层，结果是，区域性学校的阶级结构也随之不同。中产阶级区域的学校往往吸引更优秀的老师，而且有校风好和考试成绩好的名声，这些反过来又会吸引更多的中产阶级父母和雄心勃勃且自信的劳动阶级父母。中产阶级学校也往往资金雄厚。但是，即使承认这些大背景的因素，在任何学校里，孩子们的学习成绩往往深受阶级的影响这一情况依旧存在。

原因出在恶性循环上。劳动阶级子女从一开始就对自己期望不高。一般来说，他们只希望得到父母和近亲所从事的那些工作。这些相同的角色模式寓于一种“粗俗”的文化，这种文化使他们的子女比中产阶级子女更爱炫耀、更为粗俗。他们往往更爱捣乱，也更难对付，即便是在他们完全不是故意这样做的时候。他们学习不太努力（这一点很关键），并且即使当他们跟别的孩子一样努力学习时，他们的优点也往往被忽视，因为老师们会很快对某些孩子将学得怎样作出评估，这些预期基于含有强烈阶级成分的微妙暗示。老师的这些预期通过很多经常是无意识的方式反馈给孩子，结果是，他们甚至在正式证明是否成功之前就有了一种“失败”感。这些预期在那些根据学生能力“分班”的学校体制里得到进一步强化。

孩子们一旦开始明显表现出成绩不佳，他们就面临一个选择：要么继续与学校的官方价值体系保持一致，将自己看成“失败者”，要么寻求其他维持自尊的途径。后者之所以是一种选择，是因为已经历了失败且年纪较大的孩子创建了一种对抗性的亚文化，他们为反叛行为感到自豪，并乐于“拿老师开心”。我能回忆起在我的学校（那个时候，体罚司空见惯）里有一个男孩上学后不久就与教员起了冲突，从那以后，他为没人能治自己的那股狠劲感到自豪。与教员们正面冲突时，他故意激化矛盾，从而证明无论遭到多么经常和多么用力的体罚，他都不会哭。不出所料，教员们很快就视他为一个需要对付的问题学生，他也一有机会便尽早地离开了学校，没有拿到毕业证书。

在此所述的是一种关于学习的情境理论。这种理论假定，那些由于在某个价值体系里被认定为失败而感觉被贬低的人，可能被一种与主流价值体系相悖的反文化所吸引。为了使自己感觉良好，这些坏男孩创造了他们自己的亚文化，在这种文化里，“坏”实际上就是好。

上面通过运用米德和库利的社会心理学理论表明的是，坚持把人当做某一种人来对待会使他们成为那种人。然而，我们可以讲述一个略有不同的故事，在这个故事里，演员接受他人的评价就不那么重要了。让我们假定，一名中层管理会计师被冤枉犯有欺诈行为。无论怎么声明自己是无辜的，他还是被判有罪坐了牢。他丢了工作。妻子离开了他，并且带走了孩子。他失去了房子和经济保障。出狱时，他发现自己再也不能做一名诚实的会计师。以前的朋友和同事疏远了他，高尔夫俱乐部开除了他，本地教会回避他。正派社会对他的排斥与他从罪犯那里获得的接纳具有明显的反差。在监狱里，他与那些不因为他的假定之罪而鄙视他的人交往。尽管一直否认犯罪，他却发现有一个社团因为他被认为做了的事而钦佩他。

在那样的环境下，我们的会计师完全可能发现自己愿意接受罪犯们的帮助。被贴上罪犯的标签这一事实非但没有阻止他进一步犯罪，相反可能足以使他(假如我们相信他关于自己无辜的声辩)成为他不是的那种人。总之，某些标签可以导致非常类似的后果，不管那个原始标签的获得是否因为下定义的人有权进行定义。

标签法并不只是一种抽象姿态；它支撑着我们的少年司法制度。尽管不同社会在年龄划定方面有所不同，但大多数现代国家在对待青少年犯罪时，都会尽量减少青少年被迫放弃传统角色而进入犯罪生涯的可能。因此，我们的法庭会努力保护未成年违法者的身份，假如他们必须被关押，会与成年囚犯分开关押，因为后者可能成为他们的角色模式。

现在，我想回到本书的主题。以上关于犯罪行为和异常行为以及教育失败的论述表明，社会行为中的创新因素不只局限于某种体制的诞生。正统的基督教徒完全可能成为物理学家。他们可能承认上帝造就了地球，但随着继续研究物质行为的规律，他们将这一点搁置一旁。他们只是认为，上帝在创造了物理学规律之后，便不再插手这些规律的日常运行。民众与其所建构的社会现实之间的关系则截然不同。我们不能在承认我们的文化是一种社会产物之后，紧接着又认为我们无须反复参照这种命题所暗示的创造性解释就能研究社会生活。相反，我们必须意识到社会秩序是不断流动的，它永远处于变化之中。尽管把社会理解为是受大量规则支配、由互相关联的角色构成的不同群体，这很可取，然而我们必须永远牢记，某些角色的表演为即兴创作提供了偌大空间，解释的过程从未停止。

第三章

原因与结果

隐藏的原因

在前一章里，我明确指出，尽管现实是由社会建构的，但它具有持久和强制性的特征，因为我们任何人在这一建构中的作用都是微不足道的。即使我们自觉地反对秩序，我们的“逃逸企图”也倾向于遵循预定的路线。社会学有别于常识的一个方面就在于，它对我们所喜欢的将自己视为自身思想和行为的创始人的幻象提出了质疑。并不是说我们经常把自己看做自身命运的主人。大企业的首脑、宗教幻想家以及政治领袖们也许把自己视为独立之人，但是我们多数人都非常了解自己在那个图腾柱上所处的位置。然而，正是我们的身份感预设了一个独立于社会力量之盛衰的“我”。我也许不能防止我的生活水平不受银行利率变化的影响，但是我能决定我吃什么食物，支持哪个政党，上哪座教堂（如果有的话），以及如何装饰我的寓所。

然而，假如要对人的行为有任何解释，那就一定得存在有规律的生活模式，那些规律性至少在某种程度上由我们所无法控制和认知的因素所引起。当卡尔·马克思说我们不是在自己所选择的环境中创造自己的命运时，他就清楚地表达了自由与约束之间的这一悖论。“创造我们的命运”这一想法,就像那些更直接的约束那样显而易见。我决定周日下午驱车前往某处,并且意识到我是根据交通规则开车的。但是关于我们是谁和我们做什么的很多问题,都包含了我们并不清楚的社会原因。通过寻找有规律的模式以及对不同世界的系统比较,社会学家能够阐明那些原因。

对于某些研究——这些研究找出了在我们看来高度个人化的行为的社会原因,一个很好的例证是爱情和社会身份之间的联系。在很多社会里,婚姻是由父母做主的,父母在为子女选择配偶时,着眼于家族联姻的价值。但在一些例外情形下(比如没落的贵族),工业社会里的人们为摆脱这些外在因素的考虑感到自豪,认为他们纯粹是基于朦胧而强烈的爱的情感进行择偶。那些继续采用更古老形式的人可能成了笑柄。《盲目约会》是一档广受欢迎的电视节目,节目中安排一位符合条件的青年男子或女子从三个应征者中选一个约会对象,但他(她)看不见这三个应征者,只有观众可以看到他们。他(她)得到的唯一信息是一些搞笑的问答。屏幕中出现的是那个最终被选中的人,在接下来的一期节目中,这对青年男女又被邀请回来谈谈对方。1997 年在英国,许多犹太商人提出创建一个犹太电视频道的建议。当问及节目内容时,他们其中一人开玩笑说这个频道可能上演《盲目约会》的一个版本,在这个版本里,由应征者的母亲来安排约会。

从现代西方思维来看,以财富、教育或者职业背景的标准来选择配偶似乎是对真正感情的背叛。但当心平气和地比较诸如配偶们的人口特征和社会经济特征时,我们发现这些显然以爱情和感情为基础的选择竟显示出非常清晰的社会模式。尽管人们很少意识到自己因非感情的因素而在爱情上作出让步，但大部分人通常都与宗教、种族、阶级以及教育背景相同的人结婚。社会团体有效地使我们实现社会化，使我们认为某些类型的服饰和发型、言谈和举止、口音和词汇比另一些更有吸引力。这种选择看起来富于个人色彩，但使我们对某个人产生好感（或对另一个人感到厌恶）的东西，与一名卖力的媒人在为我们选择配偶时心中所想的东西几乎是相同的。

我们的许多信仰和观点也同样如此。我们可能认为，对观点的坚持是因为我们客观地审查了证据，并得出了正确理解，但是社会调查反复表明，我们所认为的很多东西可以通过诸如性别、种族、阶级和教育等社会特征被预见。我们也许认为信教完全是个人的事，但是在每个工业社会（以及许多其他社会）里，无论我们如何评估这些特性，显然，女性比男性更真诚、更虔诚。

当然，不是所有人都愿意一直为自身的行为负责。如果不提及受害者的狂热，任何关于社会力量对我们的影响程度的现代讨论都将是不彻底的。在任何社会，人们都会在某些时候不愿为自己的行为负责。宗教人士会归咎于神的不悦或魔鬼的影响。在世俗文化中，社会本身可能为我们不愿承担责任的那些行为而受到指责。正如特里在本书前言里讲述的《守护人》中的那个笑话，他的朋友仍在行窃，只不过目前他有了社会学的学位，知道了行窃的原因。假如涂尔干的观点是正确的，即一个社会的自杀率由“规则”和“整合”这两大伴生的社会属性决定，那么，任何个人对其自杀的责任一定是有限的——马克思关于阶级冲突导致社会进化的模式更证明了这一点。假如我们是因为与生产方式（我们的“阶级”）的关系而成为现在的我们，假如阶级冲突的动力推动我们前行，那么，我们很难对自己的命运负责。米德和库利的互动主义社会学，从其最激进的关于犯罪的标签论来看，同样把我们从自身行为中解脱出来。假如我们成为他人所指责的人，那么错在他们。

诸如此类有关社会学的通俗化解释是那些电视脱口秀节目的命脉，在这些脱口秀节目里，那些伤心的人为他们的不幸遭遇指责所有的人，唯独不指责自己。假如你无法与人保持关系，那是因为你小时候受到了父亲的虐待。即使你不记得曾经受过虐待，"重新发现记忆"这一新理论也让你断言父亲真的虐待过你，虽然你直到中年才在某个虐待治疗专家帮助你反省时知道这一切。瘾君子、酒鬼、贪食者、厌食者以及性爱狂，这些人一个接一个地叙述他们问题的社会根源。这或许并不奇怪。关于个人与其社会角色之间的关系，我将在下文详述，但我们可以把这两件事分开来看这个事实允许我们进行有利于自我的选择，即选择哪个是我们想要声称的真正的"我"，哪个被我们贬为社会影响的产物而不予考虑。

专业社会学在很多方面与非专业社会学不同。首先，它注重公平公正。一般的人通常希望将自己的困境归咎于社会，而将成功归功于自己。社会学家对健康、财富和幸福感的兴趣，不亚于他们对疾病、贫困和抑郁的社会原因的兴趣。其次，它注重证据的引导。第三，它关注一般和典型，而非个体。当然，对于（举个例子）有代表性的非熟练工人的经历，唯一的研究方法是收集数百个体工人的信息，然而，我们所关注的恰恰是他们经历中的那些共同元素，而非那些独特的东西。业余社会学家利用所谓的一般解释来理解他（她）的生活，专业社会学家则研究个体生活，目的是研究其普遍性。

意想不到的结果

社会学手链的一个环节是意料之外的结果这一讽刺的原则。正如苏格兰诗人罗伯特·彭斯曾言简意赅地说过的："人鼠相商妙计，最终弄巧成拙。"我们一开始是有意识地去做一件事。因为没有意识到所有影响我们的社会因素，也因为不能预料我们的行为将如何被他人所接受，我们最终获得完全不同于初衷的结果。我将借助两个例子来阐明这一点，这两个例子关乎思想与人们为倡导这些思想而创建的那些机构之间的关系。

罗伯特·米歇尔斯，韦伯的一名学生，在 20 世纪最初十年间活跃于德国的左翼政治领域。左翼工会和左翼政党的一种共同演变模式吸引了他。它们一开始都企图以革命的或激进的方式重建世界，后来却变得日趋保守并且与这个世界和平相处。他们以原始民主开始，却变得越来越缺乏民主精神。乍一看，这是一个全然不同的领域，一个保守新教教派的世界。从中，H. 理查德·尼布尔识别出一种类似的模式。在 18 世纪后期，卫理公会教派运动是一场激进运动。该运动与英国国教决裂，因为它希望回归到一种更纯正的基督教。最初它鼓吹要重建这个世界，但逐渐地，它在社会问题上变得保守起来。最初它强调所有信徒都要有牧师身份，但逐渐地建立了专业牧师制。

同样模式的重现说明它并非偶然，因此可以通过引用某些一般社会过程来加以阐释。结果完全不同于所有相关的人所希望的，这表明我们不能简单地以这些人希望那个结果的说法来解释所发生的一切。

米歇尔斯给出的解释是这样的：任何团体活动都需要有组织。然而，一旦某个团体开始组织，他们就在这个运动内部引起了被组织者和组织者之间、普通成员与官员之间的分裂。后者很快获得知识和专门技能，这些知识和专门技能将他们与普通成员区分开来，并赋予他们凌驾于普通成员之上的权力。这些官员于是开始通过他们在组织里的地位来获取个人满足，并千方百计地巩固自己的地位。他们在这个组织持续的繁荣发展中获取利益。对普通工会会员而言，工会只是一种权益，他们从中能获取小部分股份。但对于带薪官员，工会就是他们的雇主。维护这个组织变得比帮助组织实现目标更为重要。因为激进行动可能引起政府的压制，所以机构官员趋于中庸。

物质利益使他们倾向于缓和曾经的激进态度，与此同时，一种新的“参照群体”将这些官员引入新的视野。他们逐渐认识到，与自己政党的普通成员相比，他们与其他政党的官员有更多相同之处。就像仆人议论主人，工党和保守党的激进分子会相互讲述他们所代表的人民的愚蠢之举，他们会用“秘诀”来换取组织效率。

尼布尔对新教各教派中激进主义的衰落作了类似的描述。第一代成员审慎且自愿接受了这一教派对他们的一系列要求。他们为自己的信仰作出了牺牲。在 18 世纪和 19 世纪初期与英格兰和苏格兰的国家教会决裂的那些人，有时会受到政治、社会和经济的制裁。国家可以没收他们的财产，不准他们担任政治职位或军队职务，将他们与子女分离，由他人将其子女抚养成为虔诚的圣公会信徒。就他们为信仰所作的牺牲而言，教派创始人对新的信仰不只是投入了希望，他们的献身经过这般考验也变得更加伟大。然而他们的后代，这一教派创始人的子子孙孙，并非自愿加入教派。他们生来就属于这个教派，无论付出多大努力使他们融入教派的思想体系，他们的献身意识都难免要弱于父辈。

假如教派成员靠勤奋工作来展现上帝的荣耀，不使用昂贵而浪费的奢侈品，获得了一种比父辈们更舒适的地位和生活水准，情形就更是如此。大多数第一代卫理公会教徒的后代都在深入社会生活，由于与社会有那么多龃龉之处，他们因此将失去更多。他们与比自己的父母地位更高的人交往。他们感到有点窘迫，为他们简陋、粗俗的礼拜堂、缺乏教养的牧师，以及粗俗的民间颂歌和礼拜仪式。他们开始迫切要求一些适应性的小变化，使其教会朝着一种更体面、更接近于国教的模式发展。

另外还有一点也准确反映了米歇尔斯关于政党的论述。尽管大多数教派都以原始民主开始，所有信徒一律平等，几乎或完全没有任何正式组织，但逐渐地，一个专业领导核心出现了。特别是在那位具有超凡魅力的创始领袖去世之后，就需要培育能将运动维持下去的牧师和教师，就需要协调正在壮大的组织。这个组织有资产要保护，有书籍要出版和发行。随着组织的形成，带薪官员应运而生，这些人在缓和教派与周围社会之间的冲突方面有既得利益。其他宗教组织的教士取代了宗派中的非神职人员，成为重要的参照群体。教派教士终于感到，他们配得上专业同行所享有的地位、教育程度、训练以及回报。

尼布尔把分裂出来的教派（sect）看做宗教组织的一种暂时形式，它将逐步变得更加宽容、松散，在社会和经济地位方面更趋于向上流动，最终成为一个正式的教派（denomination）。这一模式很容易找到。这通常历经不止一代人。卫理公会教派在卫斯理去世后五十年间的发展符合这一描述，正如 18 世纪后期和 19 世纪在贵格派中发生的变化。早期追随者一丝不苟的献身精神，与众不同的朴素装束（男人戴宽边帽，引人注意地拒绝向国王脱帽致意)和言语模式,已被更为传统的风格所取代。早期贵格会教徒不会去读小说或去看戏,但是“同性恋贵格会”(当时的称呼,成员通常是富商、工厂主和银行家的后代)却变得越来越类似于他们与之平等交往的那些信奉英国国教的邻居。到19世纪中叶,人们发现他们首先跨入新教教派,尔后进入英国国教的主流教派。

尼布尔的模式呈现了一个重要事实,但需要某些限定。尼布尔倾向于把注意力集中在教派内部要求变革的压力而低估教派外部世界变化所产生的影响。比如,在谈及的那些时期,经济快速发展,生活水平总体上在提高。在一个停滞或衰退的经济里,妥协的诱惑会极少且极弱。其次,职业教士和官僚机构的出现常常被认为好像是源于教派人员的道德弱点,而事实是,在很大程度上,它是由社会其他成员的期望强加于现代世界任何团体之上的。职业化和官僚制只是现代社会的组织手段,许多教派成员发现他们不得不与国家协商各种形式的认可(比如出于信仰而拒服兵役的权利,或免于财产税的权利),从而变得更富有组织性。

此外,尼布尔夸大了新教各教派彼此相似的程度。正如布赖恩·威尔逊详细论述的,教派之间的教义差异使各教派在不同方面易受尼布尔所描述的那种和解的影响。我们不必深究其差异,只需留意,教派有能力对他们自身以及他们与周围社会的关系进行组织,从而在数代人之中一直保持其派性。向教派妥协转变是一种常见的机构发展历程,但这并不是必然的。

这些例子清楚地阐明了人的反身思考能力的反向结果。假如人们不可能或不愿意改变,他们可以求助于社会学解释,为自己的行为辩解,并安慰自己。然而,人们可以从他们过去的错误，以及对他们行为的社会学描述中吸取教训。尽管米歇尔斯的结论通常被称为“寡头统治的铁律”，尼布尔的命题经常被视为似乎同样找出了社会进化的一条基本规律，但是它们并非自然科学意义上的规律。对无政府主义者来说，不受妥协和名望的影响也许罕见，但还是有可能。激进的政治运动有可能忠诚于最初的精神，即使这种精神导致其毁灭。分裂出来的教派可以抵制住正式教派的名望的吸引。面对着由会员的日益富足所带来的威胁，基督复临安息日会的化解之道是确保大部分富足和随之而来的生活水平的改善都由安息日会来引导，从而将会员更完全地联系在一起。诸如阿米什和哈特派这样的公有制社会宗派，则找到了避免更显而易见的陷阱的方法。首先，他们制定了禁止使用现代农业机器的规定，控制生产力。在此情形下仍然变得富有时，他们便利用利润去购买新的土地，并且分割公社。这样做的另一个好处是，公社的规模能让所有成员进行面对面的交流，建立密切的个人关系。这反过来限制了正式领导结构的发展，从而防止了米歇尔斯的“寡头统治”。

重要的是，安眠药的作用总是一样。人们拥有反身意识，能够思考他们所做的一切。这并不意味着他们总是能主宰自己或环境，但的确意味着他们能从自身和别人的错误中吸取教训。他们也可以从社会学中学到东西。希望创办公社的人现在可以阅读坎特并从她的研究中学到东西。在我的宗教社会学这门课上，曾经有个学生令整个课堂感到震惊，因为她宣称选这门课的原因是她打算创建自己的宗教，希望从这门课上获得一些秘诀。

第四章
现代世界

观察者与被观察者

社会学与它的研究对象具有某种独特的关系。尽管我们可以把它视为一种旁观世界的公正的知识学科,但是社会学自身正是它所描述的事物的一种征候。

在描写科学领域的清教徒的著述中,罗伯特·默顿认为,犹太人的宗教以及随后的基督教是使事物合理化的力量。通过信奉一个上帝而不是众神(众神经常反复无常且意见分歧),并设想上帝仅仅创造和终止世界而不在创造和终止之间过多干预,基督教使人有可能对物质世界持一种科学的态度,因为它假设世界是井然有序的。此外,物质世界自身在任何意义上都不神圣到会阻止对它进行系统的研究。一旦16世纪欧洲的宗教改革拒斥了罗马教会的权威,科学家们就可以不受宗教义务的约束而自由地研究学问。根据默顿的观点,使现代科学成为可能的,与其说是仪器设备方面的技术进步,还不如说是一种看待世界的崭新方式。

可以举出类似的例子来解释为什么社会学会应运而生。14世纪阿拉伯哲学家伊本·赫勒敦或古希腊哲学家柏拉图和亚里士多德在撰写他们的哲学和历史作品时进行了社会学的观察，但直到 18 世纪末亚当·斯密、大卫·休谟和亚当·弗格森的时代，我们才在被统称为"苏格兰启蒙"的运动中发现现代社会学家会认可的一批学术作品，直到 20 世纪，社会学这个学科才蓬勃发展。这并非偶然。在一个传统社会，这个社会拥有一种具有凝聚力且包罗万象的文化，拥有数量很少却强有力的社会机构，拥有一种无孔不入的宗教来将神圣权威赋予那些社会机构，在这样的传统社会里，很难把世界看做一种社会建构。虽然有些人可能知道，情况也可以有所不同，他们甚至还可能已经到过国外社会，但他们自己的那个被视为理所当然的社会，其坚固性可能摧毁这类知识的任何相对化影响。传统的削弱、社会秩序的宗教合法性的衰退以及社会的日益多样化，这些都是社会学的必要前提。

现代性

对现时代独有的特征作更为详细的阐述似乎是一个不错的主意。我所说的"现代化"，是指无生命动力与有生命动力之比例的增长所产生的社会后果。除非冯·达尼肯关于太空人的说法是正确的，否则古埃及金字塔就是由人和牲口仅仅靠用来减轻重量的杠杆和斜面而建成的。我们在现代的建筑工事中会使用由化石燃料驱动的机器，这种机器极大地增加了我们的生产能力。对于现代化之结果的这一描述只不过是一种漫画速写，但它能概括在社会学看来与之相关的社会结构的独特性（与人类学家所研究的传统社会相对）。

制造业被划分得越来越细。任务以及任务执行者变得如此专业化，以至于我们现在谁也离不开谁。典型的中世纪农民所拥有的一切都是他自己制作的，甚至那些富人们所有的物件也只是由少数几个手艺人制作的。现在，在日本或德国，即便穷人也会拥有世界另一边制造的商品，吃着从另一个大陆运来的食物。生产不再是家庭和社区的一种个人活动。交换通过现金（不是物物交换）这种非个人媒介进行，并且通过市场来协调。尽管与他们的农业先辈们相比，生活在工业社会里的人过于缺乏自立，但他们的无助并不增强人际束缚。它只是更加需要正式的协调手段。寻找所需之物时，我们不再通过在乡村公共绿地上进行的非正式谈话，相反，我们使用**黄页**。

随着社会机构变得越来越专业化，生产劳动越来越细的分工同样反映在非经济领域。工业社会比农业社会"区别化"得多。宗教机构权力范围的缩减便是一个很好的佐证。在中世纪，基督教会不仅能提供通向超自然权力的入口，而且掌控民政、教育、救济和社会风纪。现在，民政属于世俗政府部门的管辖范畴，教育由幼儿园、中小学和大学提供，福利由社会工作机构提供，社会控制则由警察、法院和监狱共同完成。

家庭的变化提供了更进一步的专业化的例子。在农业社会，家庭往往既是社会机构，又是一个生产单位，我们通过它们来实现整个社会的生物性再生产和社会再生产。在工业经济社会，大多数经济活动在完全不同的环境中进行：我们离开家去上班。

工业化的兴起给不平等这一现象的性质和社会后果带来了复杂的变化。理论上讲，人们变得更相像了，在很多方面，世界也变得更加公平。与此同时，不同类型的人群之间的社会差距加大了。尽管在农业社会人们的地位差异较大，但大多数人过着同样的生活，相互住得很近。在中世纪的塔楼和城堡里，上等人和他们的下人经常同室共眠，中间只用帘子隔开。主人也许会有干净的麦秸，但主人和下人都睡在麦秸上。他们同桌吃饭，以盐器分出上等人和下人。因为社会结构公开地等级化，上等人并不因靠近他们的仆人而感觉地位受到威胁，他们能自如地与下人生活在同一个物质和精神的空间里。

工业化摧毁了封建社会秩序这个巨大的金字塔。技术革新与经济扩张带来了职业的流动性。人们不再因为其家族一直从事一项工作而永远固守这份工作。职业的变迁和社会进步使人们很难认为自己永远处于劣势且“地位”保持不变。此外，经济增长带来了更大的**身体**流动性和与陌生人更多的接触。只有当等级制为人所共知且被广泛接受，就像印度的种姓制度，地位的严重不平等才是可以容忍的与和谐的。士兵可以从一个军团调到另一个军团并依然知道自己所处的地位，因为具有统一的（双重意义上的）等级制。在一个复杂而流动的社会里，要弄清我们是比某个新人优越还是要听命于他，这并不容易。一旦人们难以知道谁该先行礼时，他们就不再行礼。基本平等成为了准则。

这种动态通过家庭与工作的分离得以强化。我们不可能从日出到日落是农奴，而夜晚和周末却是自由之身。一个真正的农奴必须是全职的。1800年，在约克郡罗斯代尔，一名铅矿工人上班时也许深受压迫，但在晚上和周日，他却可以更换衣服和形象变成卫理公会的一名非神职牧师。依此身份，他是一位享有很高威望和地位的人。这种变换的可能性标志着一个重要变化。一旦职业脱离整个包罗万象的等级制的限制而变成特定的任务，人们就有可能在不同的等级制中占据不同地位。这使我们有可能区别角色与角色扮演者之间的差异。虽然角色仍可以被分成不同等级，并被赋予完全不同程度的尊敬、权力或地位，但在某种抽象意义上，平等对待所有这些角色背后的人成为了可能。反过来说，在一种等级制中，如果只根据一种身份看人，要做到人人平等是不易的，因为对一个农民和他的封建领主一视同仁会有颠覆整个世界的危险。然而，一旦撇开具体的人来评判一种职业地位，就有可能做到，比如，在工厂维持某种必要秩序，而在工作环境之外适用另一种不同的评判体系。铁器制造商可以管辖他的工人，在本地教堂里作为长辈与工头并肩而坐。当然，权力和地位通常可以转让。某个领域里的一种力量能增加在另一个领域具有影响力的可能性。铁器制造商可以期待统治全体信众，但只有当他的财富再配上明显的虔诚时，他才可以做到。如果不是这样，教友们就可以跑去参加邻近教会的集会，以此回应他试图将自己的意志强加于人的做法。

总之，简朴的传统社会的分裂导致了自主个人的出现，他们被认为至少在抽象意义上非常相似。

在同样的方向上，引起平等主义的结构性原因不仅强化了意识形态的影响，而且也被后者所强化。最初的现代工业社会主要信奉新教，这并非巧合。16 世纪的宗教改革运动本身已蕴涵了二百多年后法国革命所提倡的“自由、平等、博爱”的种子。马丁·路德和约翰·加尔文并非现代意义上的自由主义者。他们相信所有人是平等的，但只是就他们的罪性和在上帝面前来说才是平等的。然而，上帝眼里的平等为人类眼里和法律面前的平等奠定了基础。只要社会、政体和经济被视为一个单一统一并且和谐的宇宙，那场宗教改革运动所固有的平等主义思想就会因掌权者坚持维护等级制而受到危害，然而，一旦这个单一宇宙被分裂成不同部门，民主就可能得以实现。

宗教改革运动的一个后果是读写能力的普及，它加速了民主的兴起，并且它恰好也是一种现代经济和一个现代民族国家的必要条件。一种宣称服从教士阶层并遵循其仪式的人才能获得灵魂拯救的宗教，不需要它的教徒驯顺而被动，但它也没有做出什么来鼓励其他性格的养成。一种宣称人人必须学习《圣经》并自我负责服从上帝旨意的宗教，不仅鼓励个人的自主性，而且要为人们提供阅读《圣经》的能力。因此，那些改革者所做的第一件事就是把《圣经》从拉丁文（有教养的人的国际语言）翻译成多种普通人使用的语言。第二件事是教人读书识字。这项努力中所蕴涵的革命性潜能得到了充分的理解。到了 19 世纪初，一位名叫汉娜·莫尔的福音会教徒在门迪普地区创办了一系列学校，这些学校只教学生阅读，不教写作。写作具有解放思想的危险性，阅读则是安全的，特别是阅读由莫尔自己写作的那些在社会问题上保守、在道德上令人振奋的系列短文。但她没有实现初衷。她的学生们获得了新技能，却转而用来满足自身的需要。

平等主义的要旨常常被人误解。我并不是指现代化消除了财富与权力方面的所有差异。我说的是，对卡尔·马克思而言，工业资本主义的阶级结构比它所取代的等级制更简单，更富于流动性，因为它以简单的契约取代了封建约束和相互责任这个复杂体系。马克思的误区在于，他认为随着所有其他的社会划分被他所称的“与生产资料的关系”所取代，阶级将变得更加森严。在马克思的构想里，只存在两个大的阶级：拥有生产资料的资本家和一无所有的无产者。这两个堡垒之间不断增加的冲突将最终导致一场伟大而终极的革命，那时，私有财产将被取消，共产主义将取代资本主义。显然，马克思关于革命的观点是错误的，这个错误源于他对日趋严格的阶级划分的误读。阶级划分远远没有变得更加刻板，相反，它缓和下来了。正如韦伯指出的，马克思所说的阶级的内部存在着重要的划分。从马克思的理论来说，所有无产者都在同一艘（越来越渗漏的）船里，但正如韦伯正确看到的，那些同样不拥有生产资本的人在权力并由此在人生机遇方面仍然可以存在很大差异。那些拥有高超技能的人（如专业工人）可以完全掌控其工作条件，享有相当大的自主权。还有一个重要的管理者群体，尽管他们不拥有资本，却能通过对资本主义企业的日常控制，享有一种与非熟练工人截然不同的地位。此外，股份制公司的出现意味着越来越多的资本不再是个人所有，而是由集体代理机构，比如退休基金所有。

马克思对职业结构内部的**流动**所引起的后果也没有予以重视。在整个 19 世纪和 20 世纪早期，农业劳动者的比例不断下降：农场工人流入了城镇和工厂。在 20 世纪，从事体力劳动的非熟练工人的比例已稳步下降。1911 年，英国超过四分之三的在职人员是体力劳动者。到 1964 年，这个数字降至半数，随后到 1987 年这个比例只有三分之一。即便我们可以把阶级结构看成一串稳固的盒子（并且很快便有更多那样的盒子），那些盒子的内容也一直在变化。人们一直在这些盒子里进进出出，在一代人中通常会发生，在两代人中则几乎总会发生。这为我们提供了一个非常有力的理由，来解释为什么人们没有如马克思所期待的那样，认为自己在极大程度上被自身阶级所界定。他们没有根据那些方面看待自己，因为他们在任何一个社会职位上所处的时间都不够长久。

韦伯根据“市场形势”或人们对其劳动生活的支配程度来形成阶级这一概念，这已被证明比马克思的资本—劳动图式更有成效。当今最常用的分类方法对人进行了如下划分。那些公务阶层，或者说**拿薪水阶层**的人代表雇佣他们的机构行使被授予的权力或使用专门知识技能。作为回报，他们享有较高的收入、就业的保障、步步擢升、高额养老金的领取权，并且在工作中拥有很大的自主性。**工人阶层**包括熟练工人和非熟练工人，他们提供相对短期的、数量各异的劳动并以特定的交换方式获得报酬。这些职业也趋向于受到更集中的监控。在公务阶层和劳动阶层之间，我们有**常规职员**阶层，这一阶层通过将公共事业关系和纯劳动合同的元素结合起来的雇佣关系来界定。第四个阶层包含**小业主和个体经营者**，他们既享有公务阶层的自主性，也以"计件"或计时的形式获取报酬。最后，我们将**农场主**与**农业工人**区别开来，他们的劳动生活通常与那些小业主和体力劳动者有明显不同：他们拥有土地，全家人都投入生产过程，而且以实物形式（比如酒厂直营）进行款项收付。

上述分类比我们通常所说的阶级更为复杂，但这个系统有很多好处。首先，这些类型基于一种明确而可检验的理论，即关于影响人生机遇的重要因素的理论。其次，它们被反复证明在解释社会的规律性方面是有效的。第三，它们被广泛用于对社会流动性进行跨国比较。

我们说社会流动性，是指阶级之间流动的范围或便利程度，在此我们通常考虑两个问题：某人在有生之年有多大可能从一个阶层流动到另一阶层？人们有多大可能最终进入不同于他们的父辈所属的阶层？现代阶级分析最令人惊讶的结果之一是，在不同社会里，改变地位的相对可能性基本没有什么区别。我们可能认为，像日本、澳大利亚和美国这类新型或完全重建的社会比英国要开放得多，但可靠研究已表明，这些社会以及其他十个主要的工业社会具有十分相似的流动性政体；也就是说，它们具有同样的流动性。此外，我们中那些足够幸运、已经从阶级结构的变化中获益的人也许很难相信，但事实的确是，在整个20世纪里，阶级流动的相对可能性基本保持一致。

这一发现令我们惊讶，因为我们通常将任何个人事业的“顺利发展”与社会地位的升迁**机会**混淆起来，这样的机会在很大程度上是由体制结构所决定的。我将对此进行解释。不管你出生于哪个阶层，自我提升的可能性不仅取决于体制的流动性，也有赖于你想最终进入的那个盒子的容量。20世纪以来，随着体力劳动者人数的减少和白领以及专业性行业的快速增长，阶级等级制的形状已从金字塔形（小范围公务阶层；大范围劳动阶层）变成了菱形。这一变化的结果是，人人都有更好的上升机会，但对底层和顶层的人而言，最终到达高层的**相对**机会基本没有什么变化。正如戈登·马歇尔所指出的：

> 更多的“顶层空间”并不伴有到达那里的更为平等的机会。所发生的一切不过是，更大比例的新的薪水阶层职位落到了那些父母已经占据特权阶层的子女身上。总而言之，技术白领工作的增长一般说来增加了流动性的机会，但对这些机会的跨阶级分配却依然如故。

换言之，劳动阶层的子女得益于白领工作的扩展，但中间阶层子女也同样受益。

我们如何看待这个问题很大程度上取决于我们想要什么或期待什么。假如关注社会公正，我们可能发现情形令人沮丧，因为处于上层的那些人保留着优势。然而，如果我们感兴趣的是**绝对的**社会流动性，那么如此众多的劳动阶层成员上升到公务阶层仍将令我们印象深刻，虽然并没有相应人数的公务阶层成员进入劳动阶层。现在很多人过着更舒适、更富庶的生活，这一事实更多地要归功于经济领域的变化，而不是更多的机会平等，不过这不应使我们看不到变化的规模。

公务阶层的扩展关乎我所描述的现代化的另一个要素：民族国家的兴起。我们已那么习惯于在地图上将世界分成法国、德国、意大利和类似的国家，习惯于国家之间的战争（真实的和比喻的），因此，我们可能容易忽视对人的这种划分方式和组织方式的创新性。在古代，宗教和语言使民族联合起来并与邻族隔开，但是直到 18 世纪，大多数经济体和政治体都比目前的国家更大或更小：村庄和城镇为一些目的服务，君主制（可能包含了很多国家）和帝国为另一些目的服务。随着民族国家的兴起，需要越来越多的官员来充实政府机构。在 20 世纪，民族国家成为福利国家，在卫生、社会保障、住房和教育领域创造了大量中间阶级的职业岗位。

现代生活与其说是由社区还不如说是由民族国家组织安排的，这使社会与文化之间的联系自相矛盾。一方面，民族国家需要某种程度的内部同质性，通过一种共享语言和一部民族史（最好是一部英雄史）来促进一种共享的身份感。它要求对祖国的忠诚。但与此同时，现代民族国家必须容忍其境内极为多样的文化。

多样性有各种各样的起源。人们带着他们的文化迁移，这是美国或澳大利亚等新世界国家所经历过的。国家可能扩张领土从而容纳新的民族，如英国的领土扩张使其成为联合王国。单一国家可能源自许多共和国、王国以及公国，就像德国和意大利。然而，现代化本身创造了社会**内部**的文化多样性。在封建世界里，单一教会包含了一个国家几乎所有人口，并对人民强加一系列一元化的价值观和规范。随着工业化的发展，由境况类似的人组成的社区被分成各具自我利益的不同阶级。这种增强的社会多样性反映在被分为各种竞争组织的宗教文化中。上等阶层（和他们所控制的农业劳动者）继续追随国教；其大主教、主教和牧师的等级制完全符合贵族阶级所持的一个观点，即世界是一个由上帝指定的金字塔。但城市商人、熟练技工以及有更多自主性的农场主却被更民主的宗教形式所吸引，他们支持一系列的宗派分裂。然而，对于一种曾经一元化的文化的瓦解，细节并不重要，重要的是它所产生的后果。

面对不断增加的社会多样性，国家有一个简单的选择。它可以努力强制实现一致性，也可以变得包容。通常，包容是第二选择，只有当强制所需费用变得太高而无法承受时该选择才被接纳，而且只是在最近才被接纳。在英国，直到 19 世纪中叶，才废除了对不信奉国教者的公民自由的最终限制。在苏格兰，天主教徒直到 1829 年才获得选举权（而直到 1998 年，他们仍不能成为国王或女王）。直至 1870 年代，牛津大学和剑桥大学一直保留着宗教入学考试。到了 1891 年，议员的这类考试才被废除。这些是为保护一种国家性宗教文化所作努力的最后遗迹，这种文化自 18 世纪以来已摇摇欲坠。尽管受到迫害，贵格会教徒仍变得有钱有势，到 1830 年代，卫理公会教徒和浸礼会教友已有众多成员，无法被排除在公众生活之外。日益增强的多样性，与上述平等主义的兴起一道，使国家对文化差异变得越来越包容。

长期的文化多元性给社会生活的结构及其心理方面带来

了根本变化。在社会层面上,我们看到公共领域与私人领域之间的分离日益加深。在家中,在休闲时,在私下,人们变得越来越随心所欲。与此同时,在公共领域,一些程序化的规则使人们更加包容。从我们对“歧视”这个词的使用中,可以看到这种重大变化的大量例证。在19世纪早期,对于某个身居显要公职的人来说,行使权力为家人和朋友谋取利益是件很正常的事。提携与效忠这种互惠关系是社会地位晋升的关键。比如,按照一般的估计,主宰教会任命的大地主们会将富余的教区或大教堂的工作职位,提供给他们的亲属或能回报这一提拔的那些富有的赞助人士之子。高级军官和公务员会任命他们的亲友。我们现在会认为这种体制不公平。裙带关系不再是一个描述语,而是一种罪名。不仅如此(这还提供了对现代世界的另一种重要的洞见),我们还会认为这是一种低效的体制。

现代社会遵循作为制造业工业化之基础的那些原则,并将它们应用于其他领域的人员组织。我们假定,只要专注于正在做的事情并让其他一切考虑都为之让路,任何任务都能出色完成。这样,我们就会期待,士兵得到晋升是因为他们显示了作为军人的能力,而不是因为他们是将军的幼子。我们会期待,牧师被任命是因为他们表现出相应的灵性,而不是因为他们的家族对教区赞助人有什么“影响力”。高校录取以学历资格为依据。专注于正在执行的任务要求我们具有“普遍性”,比如,我们认为政府住房分配最有效、最公平的方法是制定需求的标准(比如子女的人数和目前的居住状况),在有住房空闲时,再把它们分配给那些最“需要”的人。当我们发现地方议员拒绝将那些简易住宅分配给移民时,如1960年代早期发生在伯明翰的事件,我们谴责他们的“歧视”行为,并制定了一系列新规定和新程序，强制在合理的基础上进行住宅分配。

当然，有势力的群体不易屈服于对公民权利的要求，在很多领域中，我们见到漫长的猫捉老鼠的把戏。当美国赋予黑人选举权时，南部很多州试图通过创建表面上看起来公正的选举人必备条件(比如文化测试)来维护白人的最高地位，这些条件适用于每个人，但实际上意在限制黑人的投票。此外，当大量黑人开始投票，选区又被以减低黑人投票有效性的方式进行划分。通过创建大量低密度白人选区和将极大数量的黑人集中在少数选区，一张白人的投票影响力可以抵三四张黑人的投票。联邦政府和法院的回应是创建新律法来防止每个新的回避策略。

公民权利在现代社会的进步步履维艰。尽管在立法方面，我们为机会均等作了一切努力，但许多群体在体制上仍旧处于不利地位。虽然我们在促进**个人**的法律和政治权利以及试图防止歧视方面有良好表现，但在纠正那些源于诸如阶级、性别和种族等社会特征的权力和财富的巨大差异方面，却做得不够。我们实施策略，试图通过向弱势群体提供各种“领先”机会来重新分配财富或创造真正的机会均等，但这些策略通常遭到对立观点的否决，后者认为，这些策略侵犯了某些个人的权利，这些个人不属于能受益于“平权行动”的群体。然而，各个社会仍保留着某些形式的不平等这一现象，不应使我们无视它们已在相当程度上放弃了其他不平等的做法。现代社会把二百年前完全为人们所接受的歧视做法视为不公正且无效，并且竭力废除它们。

总之，一方面，我们使公共领域变得越来越独立于文化规范(如“任人唯亲”)。另一方面，我们使人们拥有越来越大的自由，让他们去作自己的优先选择。宗教爱好和性取向现在基本属于个人事务。这些变化将社会学家的解释与唯心论哲学家的解释分离开来，对于这些变化，社会学家也许会强调，越来越多的个人自由和自主权不是因为哪个个人或群体认为自由是一个好主意而产生的。这不是法国革命者或黑人人权活动家们还世界以本来面目的标语口号战。这类社会运动仅仅强化业已发生的变化，作为对现代化力量的一种必要调节。经济和政治结构中所发生的变化要求我们改变对人的基本态度。公与私的划分是对越来越多元化的社会与文化的一种必要调节，其背景是假定所有的人在根本意义上都是平等的。

这就从结构的角度阐述了社会的分裂所引起的反应。另外，在我们坚持信仰和价值观的方式上也发生了一个巨大的变化。我们先是在宗教里看到这种变化，然后它就扩展开来。当那些主流宗教文化首先分化时，每个宗派都坚持认为自己而且仅有自己是正确的，但是随着不断增加的多样性，这种信仰已变得难以维持。最简单的做法是建立一种既坚持自身观点之优越性又阐述他人观点之谬误的学说。在19世纪，英国的传教士们提出了一个概念，认为上帝以适合于不同种族的社会进化的形式现身。对澳大利亚的土著和非洲人，他赐予泛灵论；对更发达的阿拉伯人，他赐予伊斯兰教；对南欧人，他赐予天主教；但对北欧人（尤其是英国人）他通过赐予他们基督教新教而充分现身。我们能理解这种思路所具有的丰富的功能性。它解释了其他人错在哪里，但不指责他们怀有恶意。它明确指出英国新教的首要地位，证明了英国帝国主义的教化使命的正当性。通过“提升”这些所谓落后的种族，我们可以使他们到达接受真正宗教的起点。

这是人们在面临选择时可能用来维护自身观点的做法之一。另一种做法是假设观点与我们相悖的那些人受制于某种邪恶势力。因此，冷战时期的美国原教旨主义者认为，自由基督徒要么受雇于要么受控于苏联共产党。当持不同政见者是“外来的”而不是跟我们一样的人时，所有这些策略就会发挥最佳效果，这就是为什么由社会内部分裂而产生的文化多样性比来自外部的分裂更具有威胁性。当与我们意见相左的是我们自己人——我们的左邻右舍、亲朋好友时，我们就更不能轻描淡写地对待他们的意见。在那种情形下，我们更可能调整我们为自己的观点所赋予的地位和适用范围。当然，教条主义依然流行。但是，尤其当我们通过大众传媒这种公开形式表达观点和信仰时，我们通常采用（即便不是有意识地）一种实际上是相对主义的方式。我们假设对你可行也许对我就不行（或正相反），以此来对待我们的意见分歧。价值观变得个人化了。

关于相对主义，笔者将在最后一章进一步阐述。在此，我要总结的是，平等个人主义的兴起不仅对社会结构（主要是增加了私域的自由和对公域的限制）产生了影响，而且也影响了我们对自身观点和价值观的定位。

失范与社会秩序

将这两者联系起来略带人为痕迹，但我想回头来看看社会秩序的本质和犯罪原因，并且平等主义的话题在下面的叙述中的确是主角。想一想印度。在此，我们看到一个贫富悬殊的国家。但与美国相比，它的犯罪率很低，而且比较而言，几乎没有通常与都市社会弊病相关的罪恶，如酗酒、吸毒以及自杀。

对此的核心解释是简单的，罗伯特·默顿在 1950 年代已给出。他接受了涂尔干关于个人稳定和社会秩序之间的联系的论述，并且补充了一个极端的新观点。我们经常认为社会生活中的重要张力在于个人与社会之间。犯罪与其他形式的社会隐患来源于社会没有能够使其价值观在人们心中留下深刻影响。反社会行为来源于社会化不足。默顿则认为，犯罪和反常行为的倾向实际上是现代社会特有的。

当然，这一概述使问题简化了，但默顿的具体论点是，我们可以把社会理解为两个相对独立的领域：文化和社会结构。文化告诉我们两件事：我们应向往什么和我们应如何表现。结构描述着权力、财富和地位的分配。传统社会的结构是等级制的。少数人有钱有势，多数人卑微而贫穷。文化反映着这种差异。不同群体被教导在生活中期待全然不同的东西，用合乎身份的方式行事。因此，人们期待的和得到的处于平衡状态。穷人预期的是贫穷，他们因而接受受穷的事实。在中世纪的欧洲和印度教的印度，这种根深蒂固的差别体制被一种广泛共享的宗教合理化了，这种宗教对那些恭顺地接受今生命运的人给予承诺，承诺在来生他们将获得巨大回馈。那位温顺的基督徒期待着来生继承这个世界，只要今生不窃取它。这位贫穷却虔诚的印度人在他的来生将会得到生在好人家的回报。

正是由于文化和社会结构不再和谐共存，冲突被完全置于现代社会体系的中心。这种文化是民主的：人人都可以享有物质成功。美国梦的承诺是任何人都能成为美国总统或至少成为一家大公司的总裁。正如安德鲁·卡内基所说："在你的梦中成为一个国王。对自己说'我的位置在最上面'。"默顿走得更远，他的说法是，美国（在此，它在程度上也许不同于许多欧洲社会）使个人抱负富于爱国色彩。

然而,志向的平等并没有得到机会平等的匹配。精英统治的辞令鼓励人人想要同样的东西,但阶级结构的现实意味着许多人没有机会合法地实现他们的目标。鉴于社会结构不允许他们对经过社会确认的目标和手段怀有同样的态度,他们一定会对价值体系的某一个(或全部两个)方面失去信任。默顿认为,有五种基本做法来使个人适应目标和手段之间的张力。

默顿的个人适应模式类型学

适应类型	文化目标	制度化手段
I. 顺从	+	+
II. 创新	+	–
III. 拘泥于形式	–	+
IV. 退却主义	–	–
V. 反叛	+/–	+/–

就社会是稳定的这一点而言,**顺从**将是最常见且具有广泛扩散性的立场。大多数人忠实于既定目标及其实现细则。**创新者们**致力于最终结果但抵制程序规则。对成功的不懈强调和成功手段的不均匀分布,两者合在一起使许多人感到有理由寻找新的(和非法的)方式继续前行。在拒绝了成为通用汽车公司总裁的现成机会之后,那位意大利青年渴望成为意大利黑手党的一名头目。

第三种适应方式——**拘泥于形式**——饶有趣味。英国的社会历史文献提供了许多对于几乎是过分"体面"的中下阶级的研究，这类人在乔治·奥威尔的早期小说中得到了充分的探究。在这一点上，我们可以看到这样一些人，用世俗的话来说，他们属于不真正憧憬成功的人（并且对野心勃勃的人——抱有超出自我身份的思想的人——的确持怀疑态度），然而，这些人同时又害怕退回到劳动阶级。服饰与语言代码成为在体面阶层和粗俗阶层之间划出界线的重要手段。正如默顿指出的："这个视角属于受惊的雇员，属于私有银行出纳室或公共工程公司决策层中热衷于墨守成规的官僚。"

退却反应最为罕见。这一类型主要包括"精神病患者、孤独症患者、贱民、被社会遗弃者、无业游民、流浪者、乞丐、酗酒者以及瘾君子"的适应性活动。这些人不再相信目标和手段，或者用一个澳大利亚的比喻来说，他们"长期徒步旅行去了"。最后，默顿补充了第五种反应：**反叛**。它描述了这样一些人对目标和手段所采取的刻意选择的态度，他们试图用一个集优点、努力和奖赏于一体的新世界来取代现行秩序。

与社会学传统中的许多其他经典一样，默顿的失范理论激发了大量研究，这些研究确认这一模式中的某些要素而质疑另一些要素。尤其是，学者们对默顿所作的创新将最为紧密地与劳动阶级相关这一预期持批评态度。阶级体系的不公正会令那些最贫困的人大失所望，以至于他们试图通过抢劫、夜盗、行窃和背袭抢劫等方式使自己富裕起来——这听起来似乎有道理，但为什么那些有机会通过诚实的方式变得富有的人依然想通过不诚实的手段使自己更富有呢？为什么金融家们要忽悠他们的客户呢？为什么有钱的企业家们要篡改他们的税额呢？默顿的确讨论了白领犯罪的问题，但是他在1950年代的观点现在看来颇为幼稚。随着新闻记者对有钱有势的人不再毕恭毕敬，我们对权力精英阶层的活动方式有了很多了解。假如我们对近年来美国总统的职权加以考虑，就将看到理查德·尼克松同意部下采用非法手段削弱对手的竞选并掩盖犯罪行为的丑闻；我们将看到罗纳德·里根批准非法武器销售，为尼加拉瓜非法游击队提供资金；我们还将看到比尔·克林顿的亲信极为可疑的金融交易。为了回避对富人犯罪与穷人犯罪的社会成本进行对比这一危险话题，我将最低程度地指出：目前在我们中间几乎没有人像默顿那么有信心地认为，创新与劳动阶级有着特别牢固的联系。

然而，默顿洞察了关于现代社会的重要的一点。任何一个稳定世界的核心都有一个共同信仰：通常来说事情**本该**如此。无须存在一个详细证明社会结构的正当性、受到每个人热情赞同的主流思想体系，但的确需要存在某种大多数人得其所应得的是非感。印度教的因果报应概念完美地到达了那种境界。它是建立在反复转世再生原则上的，所以它可以认为，无论现在看来事情多么不公正，坏人命好一定是由于他在前生行善。不仅如此，坏人还将由于今世的行为在来生遭遇更坏命运的惩罚。尽管基督教不那么善于解释为什么好人会遭到不幸，但它在天堂与地狱的概念中提供了某种恢复机制。然而，现代社会主要是世俗的，我们对社会公正的愿望必须在这个现世世界得到满足。

如我所述，平等主义的冲动是现代世界的一个核心特征，它挑战着生活中显而易见的不平等。只要精英统治更多的还是一种愿望而不是现实，那些被鼓励去分一份好处但又感到没有获得公平待遇的人，在拿走他们认为是自己应得之物时就不会怀有歉意。美国记者斯塔兹·特克尔曾经建议将芝加哥城的座右铭定为“我的在哪里?”两种看法可以将默顿的理论从中间阶级创新的问题中解救出来。首先,我们可以指出,经历和反应能够扩散,并被社会定位之外的其他人采纳,这些人最切近地经历了默顿所说的挫折。情况很可能是,劳动阶级最早或最为严厉地体会到世界的不公正本质,但对法律的漠视也可能很普遍。其次,我们可以回到涂尔干关于人类欲望之无限性的观点(见第 19 至 20 页)。一个拥有一切的人仍然可能想要更多,一种强调世俗成功同时又提倡个人权利高于共同体命运的文化,会促使每个人——不管他处在怎样的客观位置上——感觉受到了相对剥夺。

后现代性?

在前文对现代化的论述中,学者们在强调现代化的原因时各有侧重,但是他们普遍认为工业社会从根本上不同于先前的农业社会。在 20 世纪的多数时间里,对于世界的哪些特征是工业化的结果,哪些是属于工业化在其中成形的**资本主义**经济形式的特征,存在着进一步的争论。人们从阶级结构、性别关系、宗教言论的模式以及犯罪率这些方面,对资本主义民主国家和共产主义阵营国家进行了比较。共产主义在 1980 年代的受挫结束了那些争论。想要理解我们的历史中哪些部分是“本质”的、哪些是非本质的这一努力,现在已转向对我们的过去和第三世界国家的现在之间的比较。比如,现在当我们看到在新加坡、日本、韩国和中国这些截然不同的背景下,民族国家、代议政治和工业化的发展情形时,我们就有可能更好地理解自己的历史。对于 1950 年代的某些西方社会学家来说,这类对照物的存在无疑削弱了他们的一种信心,即西方的历史为现代化提供了一种通用模板。

对西方的描述也有一个重大转变,因为许多学者(有趣的是,他们往往是哲学家和社会理论家而不是社会学家)认为,尽管以上关于现代化的论述对19世纪和20世纪初期来说相当准确,但我们现在进入了另一个时代:**后现代**世界。尽管“后现代主义”(在成为一种社会理论之前是一种艺术风格)包含方方面面的内容,但它有一个基本理念,即个人自由已与增强的地理流动性以及更好的交流相结合,以创建一个“顾客”从一家全球咖啡馆里挑选文化元素的世界。以理念和形象的生产和分配为基础的经济取代了以物品的生产和分配为基础的经济。独特的偏爱、品位和选择已发展到相当的程度,以至于再去谈论诸如阶级之类的社会构成问题已经没有什么意义。一个明显例证可见于口音问题。1970年代之前,在诸如英国和美国这样的社会里,某一种口音与社会威望之间有明显联系。大众传媒播音员用上流阶层的口音播音。那时,往往通过口音便可猜到一名政客所属的政党。英国托利党党员讲话的口音像皇室成员;工党政客们讲话则带着劳动阶级的地方口音。现今,这种区分已极为困难。受过良好教育的中间阶级子女会听“匪帮说唱乐”以及其他与城中贫穷黑人相关的音乐风格,不仅效仿服饰式样和姿势派头,还会借用他们的词汇和口音。

在政治上,再也不可能从人们所处的阶级地位来“全部读出”他们的偏爱。相反,我们发现了许多有意识创立的兴趣团体:激进学生运动,环境运动,动物权利运动,同性恋权利团体,以及妇女团体。

民族国家已变得无能。贸易和金融的全球化彻底削弱了国家控制经济的能力。现代数字通讯技术根本地削弱了国家控制本国公民的能力。国家正在变得越来越从属于诸如欧盟这样的超国家实体。

甚至连出生、性别以及死亡所具有的确定性也被器官移植和繁殖创新所取消。基因工程已使我们能够从根本上改变身份的生物基础。我们现在已经克隆出了一只羊。我们将很快克隆人。在后现代世界里，没有什么是固体的，一切都是流动的。

以上描述有一定道理，但它被极大地夸大了。对于伦敦、巴黎和纽约的知识分子，提醒他们大部分外省的生活依然如故，这总是有益的。卫星电视也许是一种新颖的交流形式，但我们观看的肥皂剧与狄更斯小说并无两样。廉价的国际旅行现时已成为可能，但穿越伦敦所花的时间，仍不少于福尔摩斯当年为侦破维多利亚时代伦敦的犯罪而横穿全城所需的时间。德国鲁尔和英国克莱德的重工业已不复存在，但工人们仍处于工会的组织之中，职业阶层仍影响着人们的态度、信仰和政治行为。对自主消费者的后现代形象来说，更为重要的是，人们的生活、健康和寿命这些铁的事实依然主要由阶级所决定。在此仅举一例。20 世纪初，在伦敦和格拉斯哥，劳动阶级出身的男孩比中间阶级出身的男孩平均身高要矮 2.5 英寸。到 20 世纪末，情况依旧。离婚和再婚的流行使得现代家庭结构比 19 世纪的家庭结构更为复杂，不过家庭仍然是生育和社会化的主要单位，对大多数人来说，家庭依然是获得巨大满足和心理稳定的一个源泉。技术创新和社会创新已对家庭构成了威胁，但它们也为在新时代维持旧习俗提供了资源。廉价的高速旅行让我们远离彼此，但也使我们经常重新组合。正如我们所看到的，当各国限制贸易、规定接受移民的限额，以及为在“国际社区”对这个或那个政治危机的回应中谁将扮演何种角色而争论不休时，宣布民族国家已经消亡，至少可以说还为时过早。

不妨说，就其特征而言，社会学极为关注的现代社会十分依赖于工业制造，因此，向以技术知识和交换为基础的一种经济形式转换将给社会和文化带来如此深远的变化，以至于我们在 21 世纪初将有理由宣称一个新时代的到来。但是在目前，这种称号看起来尚不成熟，并且它掩盖了一个事实，即许多被归入“后现代”名下的变化只不过是令马克思、韦伯和涂尔干着迷的现代世界特征的延伸。

反讽后果与社会政策

为了避免重复，社会行为之反讽本质的一个非常重要的后果我们至此才予以关注。我们这个世界的很多方面既漫不经心又出人意料——这是一个关键的社会学命题，不仅是因为它有助于理解事情为何不是按计划进行，还因为它有助于看清事物为何是现在的样子。这具有重要的政策含义，因为假如误解了与我们相关的事物的原因，我们为改变它们所作的努力就会迷失方向。

这个观点可以通过思考关于现代性自由的保守批判来加以阐明。那些哀叹“传统”家庭之衰落的人，往往把日托儿童比例、未成年怀孕、高离婚率，乃至都市犯罪和青少年犯罪，归责于那些公开支持方便避孕、性解放、更容易地离婚以及小家庭生活方式的个人或社会运动组织。1960 年代，来自“宽容社会”的那些自由派作家的观点被援引，他们的观点也被认为是有效的。换言之，这些问题是由这些坏人所倡导的经过深思熟虑的政策导致的。因此，解决方法就在于，既要限制自由派宣传其理念的机会，也要约束保守派在论述传统价值观的优点时同样畅所欲言的机会。

然而，关于日益增长的离婚率，一种社会学观点是，它们是多项事态发展的**意外后果**，绝非自觉期望目标的慎重结果。上述事态发展，多数受到保守派的支持和欣赏，但发展所带来的结果又引起他们的哀叹。显然，婚姻的稳定主要源于它在分配财产和决定继承方面的作用。当绝大部分资源表现为可继承的私有资本时，决定谁恰好是合法继承人就至关重要。当对身份有一个明确的划分，男性充当着一家之主，并且对性别角色有一个划分时，就有充分理由让个人的成功服从于家庭单位的稳定。但是，工业化削弱了家庭作为生产单位的经济重要性，也削弱了“合法性”（以及对性活动的约束）的重要性。避孕技术的发展切断了性满足与生育之间的联系。个人的日益富足（对那些自身并不富有的人来说则是福利国家的创建）使人们更容易不必为积累资源而组成小家庭；不再喜欢这些家庭时，我们也更容易解除它们。

同样重要的是，平等主义这个概念的外延逐步扩展。在人人都一样这一基本思想被体现为人人享有平等权利这一文化之前，曾展开多次立法之战和政治之战，然而逐步地，权利从地主拓展至富有的男人，再到不十分富有的男人、所有男人，然后到妇女。

家庭的经济功能与政治功能的衰退，使得提出一个关于小家庭合理性的新理由成为可能，这一理由即，提供情感满足。1950 年代，诸如塔尔科特·帕森斯等美国社会学家认为，家庭的首要作用应该是提供温暖、舒适和相依相伴。家庭应是一个供人养精蓄锐，并且随心所欲地做一些在公共场合被禁止的事的地方。工作中，我们必须保持理智，遵守纪律，不越出自己的角色，按照通用准则对待他人。但在家里，我们可以放松，我行我素。我们是诚实的。或者至少，我们被期望是诚实而坦率的——这使我们对祖先们一边发誓一生忠贞一边干着婚外情的虚伪行止提出了疑问。注重心理满足使制度承受着巨大的压力，因为它唤起了令人难以置信的高度期待。

健康的改善产生了另一个难题。现代工业资本主义最令人瞩目的成就之一是平均寿命的增加。自 1800 年甚或 1900 年以来，爱惜对方"直到死神降临"这一誓言所包含的内容已大大改变。20 世纪初，英国只有 8%的人活过六十岁；到 20 世纪末，已有 20%的人活过六十岁。这样说听起来也许有点冷漠，但离婚可以被看做夭折的现代对应词。

具体的因果联系是复杂的，但我希望上述内容已足以使我们相信，传统小家庭的衰退与那些反对家庭的人的著作没有什么关系。这些思想的传播并不是原因，更有可能的是，它们是业已进行中的那些变化的症状。家庭中所发生的变化不能同经济结构中的变化分离开来，也不能同权利观念的拓展和日益增长的富足分离开来。并且总的说来，这些情形正是哀叹家庭消亡的那些保守者所想要的，他们不希望呈现另一番景象。

其中的政策含义如下。当我们专注于个人对特定行为方针的选择时，我们就可能犯一种错误，即认为那些行为将会产生预期的后果。大量行动误入歧途，世事的结果不是因为哪个人想要它那样，而是因为单一目的的行为具有出人意料的后果——通过忽略这些证据确凿的事实，我们可能犯下错误，夸大我们策划变动的能力。尤其是当我们能发现一个的确想要那种变化的群体时，我们就会欣然（但是错误地）认为变化的发生是因为他们希望变化，而且这种变化也可因我们想要某种不同的东西而被逆转。

这种错误的最充分的例子是共谋论。理解世界的愿望是可理解的，它导致了关于强大的隐蔽动因的简单理论始终有着巨大的市场。因此，第二次世界大战并非数量极多的个人、团体和组织所发出的数量极多的行为的结果；它是由犹太人，或共济会会员，或国际共产主义，或其他的什么统一行动者所引起的。假如想象不出这个具有足够潜能的世俗动因，那么我们总能想到外族人。这种共谋思维实际上是对社会因果关系的一种偏颇的、片面的理解。它正确地假设生活远不止我们所见的，并反映了无能为力者的一种感觉，即世上存在着未受训的眼睛所看不到的一种秩序。但随即，它便回复到那种观点，认为事情的发生是因为有人希望如此。共谋思维未能理解行为的结果，也未能理解行为的超个人原因。

第五章

江湖骗子

前面几章试图勾勒出社会学研究的主题和社会学视野中世界的独特韵味。为了进一步阐明这一视野,本章将简要审视一下社会学阵营里的各类江湖骗子,然后,努力对这一学科作一综述。

改良者与空想家

恶意批评我们的人普遍怀有一个印象,认为社会学时刻准备(或应时刻准备)帮助人们解决问题,业内人士对此印象也并不陌生。这种看法可以理解,但却是错误的。它可以理解,原因在于这一学科中的很多早期贡献者是因为希望改变世界而从事研究的。卡尔·马克思首先是一个革命家,他希望看到不公正和压迫的资本主义被一种更人道的经济和政治体制所取代。英国经验性社会研究传统的创始人,如西博姆·朗特里和查尔斯·布思,如实描述了社会的贫困状况,因为他们希望使政府感到震惊而对此做点什么。英国的社会学应特别感谢伦敦经济学院,该学院与韦布夫妇(他们创立了费边社,对早期工党具有影响力)的密切关系赋予其大部分研究工作一种清晰的改革派基调。芝加哥大学社会学系建系元老中的一些人是在新教牧师家庭中成长的，尽管远非马克思主义者，但他们也会欣然接受马克思关于研究世界是为了改造世界的观点。

然而，尽管这一学科很大程度上受惠于改革者，而且很多社会学家是从参与世界的道德活动和政治活动中获得研究兴趣的，社会学还是必须与社会改革区分开来。一门学科只有当它受到自身而不是他人所关注的问题的驱动时，才能运行。甚至连最自信的科学方法的拥护者们，都意识到了阐释与观察之间不断的相互影响。在了解应该观察什么或怎样描述它之前，我们需要一些试验性理论。社会学家需要相互合作以积累大量的知识，因此需要讲一种共同语言。比如，前一章提到的比较式阶级分析之所以有可能做到，完全是因为不同国家的学者使用着同样的模型。再则，只有双方都同意使用相同的通用语言，辩论（比如关于马克思主义者和韦伯派阶级观的相对优点）才可能理性地进行。为此，只有那些对正在进行的任务具有必要性的观点，才应被允许来指引我们的工作。

这一点说起来容易，做起来难。遗传学的核心思想与苏联共产主义哲学的核心思想之间的差异足以使我们看到，在李森科事件中两者被相提并论是有害而歪曲的干涉。但是，对社会生活的研究和对社会的改革有着共同的概念、方法和理论，这使两者难以避免相互影响。然而，避免相互影响必须成为我们的目标。社会学家之间要想进行富有成效的对话，最好是尽一切努力将为学科所必需的价值（如诚实、清晰和勤奋）与应被置于一旁的非学科问题区别开来。

我们当中从事社会学教学的人通常会发现，学生很难区分社会问题和社会学问题。被要求选择研究课题时，学生们几乎总是着眼于世界的某个阴暗面。他们想为无家可归的人或酗酒或家庭暴力“做一点什么”，这个缺乏力度的动词“做”清楚表明了对解释与纠正的混淆。

澄清差异的一种方式是描述一个社会学研究案例，研究的对象是某个可能被普遍视为不可接受的真实社会的某个特征。大卫·苏德诺对加州某个法院的“辩诉交易”进行了研究。该院大约 80%的案例从未被审理，因为被告同意认罪，这为法院节省了很多钱。为了鼓励被告“承认有罪以求轻判”，通常会许以较轻的罪名指控。犯罪嫌疑人可以选择，要么抗辩从而承担受到应有刑罚的危险，要么接受显然较轻的刑罚。

加州的法律认可较轻犯罪的概念。假如某人犯甲罪时也一定犯了乙罪，而乙罪的刑期较短，那么，乙罪就是较轻犯罪。比如，抢劫必然包含小偷小摸，意思是说，一个人如果没有小偷小摸，也就无法实施抢劫了。法院的程序规定，不能指控一个人两项以上有包含关系的罪行。例如，一个人不可以同时被指控犯有“杀人罪”和必定包含于其中的较轻犯罪“企图谋杀”。这些规则还规定，法官不能授意陪审团考虑并非必然包含于所指控罪行的那些犯罪，来作为判被告有罪的替代罪行。

苏德诺解释了主导着指控和较轻犯罪的那些法律原则，因为他想要对正式规则和实际发生的事进行比较。就地方检察官（提起公诉）和公设辩护人（下文简称检方和辩方）而言，他们对指控的关注完全不同于载入法典中的关注内容。他们并不关心被告实际犯有何种罪行以及关于罪行包含的程序规定，而是关注与对方达成协议。为了说服被告认罪，他们需要找到一个较轻的罪行，这个罪行所对应的惩罚应该轻到使协议看起来是一桩好买卖，但同时又不至于让检方觉得被告“逃脱了处罚”。

苏德诺发现的是，罪行通常被降格至其他罪行，后者既不必然包含于也不实际上包含于主要罪行中。例如,“酗酒”通常被降格为“扰乱治安”,即使治安实际上并没有被扰乱。“骚扰未成年人”经常被降格为“在校园附近游荡”,即使罪行并没有发生在校园附近的任何地方。此外,降格往往蔑视最初指控的本质。破门行窃经常被降格为小偷小摸,即使小偷小摸必然包含于抢劫,而抢劫显然在法律上有别于破门行窃。假如人们认真对待法典,这类降格会是无稽之谈,然而,这种做法却变成了惯例。检方和辩方互相勾结藐视法律,个中原因显而易见:产生恰当的结果比遵循法律条文要重要得多。

但是怎样实现这种实用目标呢?答案是通过漫长的体验,检方和辩方逐步了解了特定阶级犯下罪行的典型方式、那些惯犯的社会特征、犯罪场景的特征、通常牵涉的受害者类型,等等。基于对各自所在地区的充分了解,他们建构了“常规犯罪”这一概念。随着辩诉交易的发展,双方都制定出一些行之有效的降格方法。典型的“用致命武器攻击”被降格为简单的攻击,“骚扰”被降格为“在校园周围游荡”,等等。尽管这些方法是用于个体被告的,但只要**罪行可被归入某个典型**类型,单个案例的细节就不那么重要了。问题的焦点就在于犯罪的类型和罪犯的典型类型,那些案件记录是以一种把所有相关人员引向正确解释的方式写成的。这样,那位饱受干扰、也许通常只有几分钟时间来了解案情的辩方律师,才可以迅速弄清什么是符合要求的,什么是可行的。

苏德诺的成果可以被理解成一份关于某个“社会问题”的报告。这种体制提供的打折公正可以被看成是对公民自由的一种严重侵犯:人们按惯例要被迫承认那些无人认为是由他们犯下的罪行。然而,这一切都不是苏德诺所关注的。他想要了解的不在于法院例行施舍的公正是好还是坏，而是这种公正是什么，它是怎么来的。他的目的不在于强调需要纠正的事，而在于找出需要解释的事。这样，他便为一种常见现象提供了一个材料翔实的实例，在这类现象中，人们开拓出一种共享的专门的典型化模式，用这种模式以一种能使他们“顺利交差”的方式组织起工作的素材。

类似的主题也贯穿于一名研究生的研究，这名研究生是我1970年代在斯特林大学的同学。她想要搞清精神病护理的实际组织，因此花了好几个月的时间在苏格兰的一家大型精神病医院进行“卧底”研究。她很快发现，那里的病人受到两种截然不同的体系的管理。会诊医生根据形式上的诊断图式将病人分类，给出适合于诊断类型的治疗方案。但对于那些负责病房日常管理的护士们，则有一个更简单的体系来反映她们的工作职责。她们把病人归类为“潮湿者”和“漫游者”。前者的主要问题是小便失禁，后者的问题是方向感缺失。护士们明白她们的分类体系会激怒医生以及病人的家属和朋友，因此，那些名词只在护士私下谈话中和在诸如茶室、饭厅以及护士之家等“后台区域”使用。

与多尔顿对组织的正规模式和工作场所的非正规组织之间的分裂所作的研究一样，这些实例可以被看成是在识别问题，而且毫无疑问某些兴趣团体会向它们发出抱怨。但对社会学家来说，那不可能是一个核心问题。在制定议程时，社会学家们肯定受到在社会学意义上有趣的事情，而非在社会意义上成问题的那些事情的推动。欧文·戈夫曼关于角色的研究富有影响，该研究的基础是对平凡的日常行为，而不是对那些奇异的或特别令人烦恼的行为的研究。霍华德·贝克关于反常行为的标签理论，其源头在当时和在一位社会改革家看来，似乎在于选取了一个不寻常的主题。既然有严重的犯罪需要探究，为什么要研究吸大麻的爵士音乐家？

专业之外的考虑是一种无益的干扰。假如戈夫曼用的是精神病医生或他们的批评家的视角，来看待为**疯人院**提供大量原料的精神病机构，他也许就看不到社会学意义上的精华了。戈夫曼观察了大量琐碎而先前未被注意的行为（如把彩色蜡笔当成口红），并表明这些行为拥有一种共同而重要的社会功能：它们是病人在某种情境下用来维持自我身份感的手段，这种情境原本是为了治疗的目的被设计来削弱身份感的。戈夫曼在观察中发现了新的含义，因为他是以一名社会学家的身份亲临现场的。他并没有把寄宿学校、疯人院、修道院以及部队训练营视为彼此互不相关，只是分别地关乎教育、治疗、宗教以及军事；相反，戈夫曼看到这些机构拥有他用“总制度”这个概念所表达的共同的社会学特征。戈夫曼是从社会学的角度思考问题的，所以能就自己的资料提出其他有着不同考虑和兴趣的研究者不会提出的问题。

派别偏见

社会科学中特别容易发生背弃原则的现象，因为一个中心前提（那个带垂饰的手链上的一根线）如果被误解，就可能为党派性提供正当理由。当我们认识到现实是一种人类的产物、一种社会建构时，我们就削弱了感知与客观现实之间的可靠联系，并对我们自己所作描述和解释的立足点产生质疑。我们于是更进一步，指出人们如何看待事物很大程度上要归结于他们的共同利益。

这不是有关诚信的断言(尽管十分相关);它所关乎的是比撒谎更微妙的东西。意识形态不同于假装之处在于,它是意识形态专家们所相信的。当保守的美国基督徒们宣称(让我们错误地假定),青少年怀孕水平居高不下是无神论者禁止公立学校祷告的结果时,他们没有在撒谎。他们因受共同信仰的影响,用一种特定的方式看待世界。当企业家们声称劳动权益的增加将使工作付出高昂代价时,他们也不是在假装。他们在发表自己真诚的想法,这恰好与他们的物质利益相吻合。

对我们来说,天生的诱惑是认为自己的观点准确无误,而他人的观点则是意识形态,但社会学通过识别越来越多社会团体中意识形态的影响使这种情形不易发生。两个例子特别说明了这种情况。在1850年代,很常见的将职业与其他类型的工作区分开来的做法是,指出比如医生和律师经过长期的培训获得专业知识,他们不受外在规章的制约(只有医生自己能评判某个同事是否玩忽职守),他们可以限制他人进入这一职业,并享受高额薪金。各种职业和其他形式的熟练工作(如工艺工程)之间泾渭分明,虽然后者同样试图限制他人从业的权利以提高薪金。职业人士这样做时,合理性来自他们是为某种高尚的社会利益(健康和公正)服务。而当工程师这样做时,这就是未经授权的商业限制,在很多国家是不合法的。

社会学研究很快刺破了职业人士的这种夸大的自我幻象,它表明,尽管职业人士的优势足够真实,但那些合理性理由在很大程度上只不过是为自我利益服务的措辞。通常,漫长的培训期更多的是用来排除阶级、种族和性别方面的异己,而不是用来获得必要技能。职业的自我约束与其说是与社会利益(健康和公正)相关,还不如说是为了躲避业外人士对业内不端的监督。职业人士似乎跟任何其他工人群体一样贪得无厌。

科学的自命不凡也受到社会学研究的打击；社会学研究表明，科学家们极不愿意自己的理论受到批驳，学术派系的社会影响对新思想的接受产生着重要影响，并且正统科学与伪科学的行为之间经常没有任何明显差异。科学根本没有任何方法来保证其结果的权威性，它看起来与其他形式的工作非常相似。在第一章，我阐释了我为什么认为科学的这种降级被极大地夸大了，但在西方的社会科学领域，这种现象已变得司空见惯。

假如社会学家们削弱了职业性和科学的特殊地位，那么，他们自身的工作又处于何种地位？这难道不意味着社会**科学**这一**职业**本身渗透着意识形态的影响？即便这一学科没有特别的意识形态的利益，多数从业者还是会受到男性白人资产阶级在种族、性别以及阶级方面的一般性利益的影响。

解决这个难题的诱人做法之一是去除关于科学中立的全部伪装。既然传统学术没有提供在竞争性的构想之间进行裁决的方法，我们就得根据学科之外的理由支持一方，选择那个有坚定信仰的学派的构想。于是，对观念之后果（马克思称之为**实践**）的关注取代了诸如准确性这样的目标。例如，重要的不再是对犯罪原因的解释是否前后一致且有充分的证据（因为证据的可信性和地位本身是意识形态的产物），而在于一种理论是否能促进受到支持的任何一个社会团体的利益。比如有一个无礼的犯罪学家，他本人对这个领域几乎没有什么贡献，却堂而皇之地质问埃德温·萨瑟兰对推动民众斗争做过些什么，荒谬地借此质疑美国犯罪学泰斗的研究！

另一种为持有派别偏见的学者所作的辩护在民族研究和妇女研究领域已很普遍。这里的主张并非客观性不可实现；它主张的是，即使有可能实现，客观性也将阻碍社会学的事业。为了解释，我们必须理解。为了理解，我们必须体验。只有黑人能真正理解黑皮肤意味着什么。只有女人才能理解其他女人。

怀疑这一主张的一个合适理由是，它不是被公正地提出来的。我们没有发现哪个社会学家论证说，只有贵族才能有效地研究贵族或只有法西斯主义者才能研究法西斯主义。这类特殊的辩护只是那些人代表自身提出的。它往往表现为漫不经心地坚持（而不是论证）他们的主张的优越性。显然，拥有某种特征可能有利于理解其他有着相同特征的事物。我在第一章里对社会学的总体辩护中已阐明了这一观点。然而，在诚信的学术研究中，不可能为通吃的王牌留下任何余地。

为了理解，人们必须有归属——这种观念通常因对人们应该归属的团体的界定方式而变得更为可疑。在圈内人和圈外人之间划上界线时，我们不得不将一套明显言过其实的（即使不是完全虚假的）共享经历和利益强加给这个群体。显然，并不是所有女人或族群中全体成员都享有同样的经历或拥有同样的价值观。玛格丽特·撒切尔可能是英国第一位女首相，但她对女权主义者们所界定的妇女利益却明显地无动于衷。1990 年代早期，科林·鲍威尔是美国陆海空三军中地位最高的黑人，但他却在 20 世纪最保守的总统罗纳德·里根手下服务，而且极少支持少数民族事业。上述学派知识分子的一个反应是把这样的人从荣誉群体中开除出去：撒切尔不是一名真正的女人，而鲍威尔是一个“汤姆大叔”。另一种反应是，假如那个群体的思维没有被意识形态所扭曲，就用这个群体本该想到的来取代这个真实群体的观点。那些性别和种族的狂热支持者们主张着他们的当事群体本该想到的一切，然后声称那就是观看这个世界的有利地位。

捍卫价值中立

在此,我想为捍卫客观性这一目标作一辩护。那些持有派别偏见的人认为,客观的社会科学是不可能的,因为社会学家无法超越受自身意识形态制约的世界观。假如这不是一种信仰声明的话,那就必须被看做一个可检验的命题。恕我有一点小小的冒犯,我将首先指出这些持有派别偏见的人的自相矛盾:意识形态遮住了别人的眼睛,但他们却能超越迷雾。除非这些持有派别偏见的人提出一个可信且可检验的解释,说明为何他们对影响所有其他人的疾病具有免疫力,否则他们的良好智力状况就让我们很有理由怀疑,想象中困扰着所有人的那种疾病是否真的那么普遍、那么严重。

第二个反应是要指出,即使意识形态问题在理论上是真实的,对于大量社会学研究来说也可能并不相关。让我们继续这个关于疾病和健康的比喻:疾病可能不会同样程度地损害所有的人体功能。拿我自己对保皇派准军事组织的研究为例,我是苏格兰人而非爱尔兰人,并且对民族主义没有什么共鸣——这些事实也许对我的研究的某些方面会产生影响,但对其他方面却根本没有影响。回到第一章提及的例子,我看不出意识形态的利害关系会对我在恐怖主义者如何获得领导权这个问题上的看法有什么影响。

反对客观性的那些主张假定,带有不纯的倾向性会扭曲一个人的全部研究。我自身的经验表明,在社会学中,许多有趣而重要的问题完全不带有道德、伦理或者政治方面的感染力,这种感染力会导致观察和解释的差异随着问题研究者的社会利益而发生系统的变化。

但是，即使如此，我们仍发现社会学家们所采取的立场看起来与他们的利益并无频繁的关联。我举一个宗教社会学的例子。一些社会学家认为在现代世界宗教明显衰落了；另一些社会学家认为在这明显衰落的背后，是一种持久而相当恒定的笃信。很多宗教社会学家本身就是虔诚的教徒，为了更好地理解自己的信仰，他们受到这门学科的吸引。因此，我们也许会预料，这些评论者的个人价值观会影响他们理解证据的方式。但是，主人公们并没有像我们可能预料的那样拥有相同的立场。在那些被世俗化这一证据所说服的人当中，我们发现了如下一些人：两位自由派无神论者；一位路德会教友，年轻的时候是福音会教徒，现在属于主流教派；一位前卫理公会教徒，现在是一名有职司的圣公会信徒；一个保守的无神论者，悲叹着道德的正统信仰正在流逝；美国一个重要教派的要员；以及一所保守的浸礼会大学的教授。在那些相信现代社会与前工业化社会几乎完全同样虔诚的人中，也显示出同样广泛的宗教立场。尤其是当我观察到这些学者当中有些人已经改变了立场，并且很多人发现对手所提的主张中有相当合理的成分时，我断定这个领域至少没有支持利害关系无法超越这个一般性看法。在政治社会学领域也可以找到类似的例子。我们同样看到有学者研究他们身处其中的外部社会的那些方面，同样发现难以协调（比如）选举行为和政治偏好之间的冲突解释。

对持有派别偏见的人的另一个回应是指出如下事实：大量学术研究的质量不完全依赖于学者的个人美德。正如我对自然科学所作的评述（见第 4 页），企业的社会组织也密切相关。社会学家们在一种富于竞争的环境里工作，允许他们随时进行思想和信息交流。无论我有多么片面，总有人会积极证明出我的错处。客观性不取决于我们每个人都完全没有学科之外的价值观；竞争和合作抵消了任何一位学者的偏见所带来的歪曲影响。

最后，我要指出，认识到如下一点是非常明智的：超越个人的信仰和价值观并且仍然努力地克服实现客观性的障碍，这有时是困难的。正如美国人类学家克利福德·格尔茨恰当指出的，我们知道不可能创建一个完全无菌的环境，然而，我们中多数人更愿意在现代手术室里而不是在下水道进行心脏手术。

相对主义

假如对意识形态问题的一个回应是派别偏见，那么另一个回应则是相对主义，这把我带回到了后现代主义这个话题。假如现实是不可知的，假如客观而准确地描述社会是不可能的，那么我们就只能从这个观点跳到那个观点，无休止地制造关于世界是何面目的片面描述。并且，那些描述都没有高下之分。我们在此再次看到一个复杂的互动：社会学家所描述的世界的方方面面和某些社会学家怎样看待其研究之间的复杂互动。在诸如传媒研究和文化研究这样处于社会学边缘的学科中，相对主义已变得尤为普遍，然而，与癌症一样，它已经在这个学科的整个机体中催生了继发病症。与癌症一样，学科要想生存，就需要清除它。

我们可以很容易地理解为什么相对主义在文化研究中广受欢迎。奥斯汀作为作家是否比布莱顿更优秀，康斯太布尔作为画家是否比毕加索更优秀，这在很大程度上是一个品位问题。在大多数社会里，社会等级制产生了品位等级制；某个特定阶级决定什么是好的艺术，什么是坏的艺术。在 1950 年代的英国，“我不太懂艺术，但知道我喜欢什么”这种说法是那些自命不凡的人对缺乏教育的中下层人的嘲弄，是侮辱后者缺乏专业知识的一种方式。在1990年代，这种说法变成了对高度民主原则的一种表述。维护一种优秀文化的“经典”的努力被视为精英分子的愚蠢举动。说奥斯汀是比布莱顿更优秀的作家被看成是势利行为。在许多西方民主国家(特别是美国)，对文化等级制的抨击带有一种特别刻薄的语气，因为它们之所以受到抨击，不光是因为阶级，而且还因为性别和种族偏见。高雅文化被贬为“过时的白人男性”的作品。对艺术和文学领域的这类批评，我们也许会产生某些共鸣，然而，它们却提出了一个棘手的问题：真正的个人偏好和客观事实之间的界线应该划在哪里？我们当中有些人相信理性思维，相信社会科学的可能性，这些人会进行重要的清楚的划分，理由是我们可以赋予每个人权利去相信他们所希望的、同时又坚称某些信念是错误的。人们有权相信世界被国际犹太金融家的共谋所操纵，或西方政府与外星人有定期联系，对此我完全赞同，但我会坚持认为这些看法没有充分根据。

相对主义者所做的是拓展那些应被视为个人喜好问题的知识的领域，因而也是合理分歧的领域。公民权的民主成为了一种知识民主，这个过程表现为一种假设，不是假设人人都享有获取知识的平等权利，而是假设人人所相信的同样可能变成事实。

与相对主义相悖的观点

相对主义的部分魅力在于它真实而无法回避。它动人心魄且清晰明了，但那些回应往往显得既单调，又模糊。幸运的是，这并没有阻止它们成为有说服力的回应。它们不能满足那些想要既简单又吸引人的方案的人，但它们共同构成了对相对主义的全面反击。

在论述阶级不再具有重要意义这一观点时，我已作了一个简要回答：研究一直表明事实并非如此。眼下总是有可能声称，这种或那种模式的规律性仅仅是用来发现此种规律性的策略的产物。毕竟，采用鸡中毒疗法的那位赞德巫医会坚称，他的因果论是有充分依据的。但是，虽然许多背景各异的学者得出了同样的结论，假设他们的发现是某种集体幻觉却变得不那么容易，更容易的是假定它们实际上与某些外部现实建立了联系。对文化背景迥异的学者来说，我们的评述都会有说服力——这一点表明存在着一个真实的世界，这个世界独立于我们有关它的信念，因而我们至少能希求对它有所发现，这种发现不光是对我们的信仰和偏爱的某种表达。

跨越文化和社会界线的理解这一点很重要。如果后现代主义者的一种观点，即没有任何一种解读、任何一种描述比任何其他的解读和描述更为有效，如果这个观点是正确的，那么跨文化交流将是不可能的。整体的翻译概念认为，我们能够(至少在理论上)区分比较可靠和不太可靠的翻译。在任何特定情形下，这或许不容易做到，但很多事实（而且这是一个“事实”)——民族国家议订和约，传教士将经文翻译成外语，数百万的人每天跨越阶级、性别、种族、民族以及语言界限成功地交流——应足以使我们确信，相对主义者的悲观情绪是不适当的。

翻译之所以可能，是因为尽管存在人类学意义上的多样性，但在人的经验里有许多东西是相通的。一种文化可能极为偏爱男性后代，而另一种文化可能对男女婴一视同仁，然而，为人父母的欢乐和磨难在全世界都是一样的。各种文化在对牛肉的喜欢方面可能有具体方式的差别。我们过去常常看重肥牛，可现在我们更喜欢瘦肉。但这全然是因为全世界的养牛者讲“同一种语言”，使他们能够比较瘦肉相对于肥牛的优点。几个世纪以来，东非的马萨伊人在最恶劣的环境里养牛，人们可能认为他们跟苏格兰东北部富裕的牛肉农场主没有什么共同之处，然而，由于马萨伊人和班夫郡一个叫梅斯利克的小村庄里一个农民的合作，1990年在非洲，建立了首个纯种西门塔尔牛基地。马萨伊人和这个农民天隔一方，但他们都爱牛，并能为共同的行动找到一种共同语言。

对相对主义的这种反驳的困难在于，相对主义者可以拒绝意识到这一点，因为他们不认同论战规则。与那些将每一种批评贬低为意识形态的持有派别偏见的人一样，相对主义者可能坚称，让相对主义的观点接受经验的检验，这一观点本身所基于的知识观已经被相对主义证明是错误的。

对这种全盘拒绝妥协的态度，最佳回应是询问相对主义者是否自始至终都是按照他们公开宣布的哲学立场行事的。显然，他们不是。后现代主义者们撰写作品，发表演讲；他们试图将自己的主张传达给其他人。他们这样做是因为相信，自己是正确的而别人是错误的。假如十足剂量地服用一剂自己的药，他们就将关门大吉。假如没有一种解读优于其他解读，那么为什么要通过排斥所有其他的解读来向全世界标榜某一种呢？假如不可能将真理和谬误区别开来，那为什么后现代主义者与那些持不同观点的人又争论不休呢？

结论

社会学学者为帮助我们理解世界作出了令人瞩目的贡献，在这样一本小书里，本来就不可能通过全面列举这些贡献来描述社会学。我设法引述了一些重要人物以及他们最重大的贡献：马克思和韦伯论阶级；韦伯论理性；涂尔干论失范；格伦论本能；默顿论犯罪的结构性原因；米德和库利论社会化；米歇尔斯论寡头政治；帕森斯论家庭；贝克论贴标签，以及戈夫曼论角色和整体体制。我还努力充分引用社会学研究的一些具体案例，来管窥社会学家们所做的事。然而，本书的目的不在于向读者提供一个社会学概述，而在于呈现一种社会学的意识。

社会学要想超越有趣(且并非总是那么有趣)的推测，它就必须是**经验性的**。也就是说，它的理论和解释必须基于对真实世界的可靠观察。因此，我在进行引用时倾向于那些将理论与具体的经验性研究结合起来的大学者们。社会学要成为经验性的，就必须以自然科学为模式。

然而，在声称社会学必须是一门社会科学时，我们也要牢记由这一学科的奇特研究对象所带来的独特的利弊：我们研究自己。推理和解读的能力使我们不只是出于本能而行动，也不只是能对身边的物理环境作出回应，这种能力使我们能够研究任何事物。反过来，这意味着我们不能寄希望于把社会行为当做与物理世界的规律相类似的一些基本规律的征候。我们必须认识到现实的社会建构本质，研究那些社会结构(社会学本身就是其中的一个特定的经过系统化且经过改进的范例)。对持有派别偏见的人和相对主义者来说，这是一个复杂的难题，对此的回应只能是放弃研究，然后，要么根据意识形态选择自己的立场(持有派别偏见的人的观点),要么完全赞同或完全反对(相对主义者的立场)。

如我已经声称过的,这两种形式的投降都是不必要的悲观主义的回应。毫无疑问,要理解西方的犯罪或宗教衰落的原因并非易事,而要解释政治偏好和教育成就同样也非轻而易举。然而,在日常生活里,只要我们继续相信我们能搞清楚哪些公交车去市中心,哪些教堂愿意倾听忏悔,哪些政党最接近我们的偏好,以及子女什么时候在对我们撒谎,我想没有任何理由认为我们不可能以更大的规模对这类问题进行更系统的研究。在本书各个章节里,我已将注意力引向了社会学的解释方式与常识的不同:社会学承认现实的社会建构本质;它识别行为的隐蔽动因;它描述行为不曾预料到的后果。但我也要坚持说,常识本身提供了社会科学之可能性的最佳担保。我们中的一些人比另一些人更擅长于社会学,我们都犯错误,但每天,用数百次无关紧要的方式,我们努力观察、描述、理解以及解释我们自己的行为和他人的行为。假如我们能像业余者那样做这件事,通过更大的努力,我看不出为什么我们不能把它做得更专业一点。

索引

（条目后的数字为原文页码）

A

B

C

D

E

F

G

H

I

J

K

L

M

N

O

P

Q

R

T

T

U

V

W

Steve Bruce

SOCIOLOGY

A Very Short Introduction

Contents

Preface

It is a sign of the power of sociology that it is both popular and reviled. Longer established academic disciplines deride it as a gauche newcomer but adopt its perspectives. Ordinary people mock those who pursue it professionally, yet take some of its assumptions for granted. Governments accuse the discipline of undermining morality and social discipline, yet hire sociologists to evaluate their policies.

Our uneasiness with the discipline can be seen in the frequency and the nature of the jokes. This may just be my professional paranoia, but it seems that there are sociologist jokes in a way that there are not historian jokes. As such humour does not translate terribly well I will recount just one. This gem came from the British television series *Minder*, a fine 1980s comedy of minor villains and London low life. Two lovable rogues are discussing a mutual acquaintance who has just been released from prison. One announces that their friend has been improving himself while inside by studying: 'Yeh. He's got an Open University degree now. In sociology.' The second asks: 'Has he given up the thieving then?' and the first replies: 'Nah! But now he knows why he does it!'

This is a complex jibe: sociology appeals to villains (presumably because its focus is social problems); sociology, by showing the social causes of individual action, absolves people of responsibility; sociology is naïve and can be manipulated by the worldly-wise. Whether the discipline is guilty of any or all of these charges should be clear by the end of this short introduction.

For reasons that will become apparent, social scientists find it harder to agree than do natural scientists. Researchers at the leading edge of physics, for example, may argue ferociously, but there is sufficient consensus among the discipline's journeymen for an introductory physics textbook to state with authority the basic knowledge that is accepted by the trade. In contrast, introductory social science texts often describe their subjects as a series of competing perspectives. There are benefits to stressing what divides us. By taking specific emphases to their logical conclusions, we can readily perceive the arguments that need to be resolved if we are to explain this or that facet of the social world. Like politicians in elections, advocates of particular schools try to put 'clear blue water' between themselves and their rivals. But, like politicians in power, when the same advocates get round to doing sociology (rather than just advertising their brand of it) they tend to fall back to a common middle ground.

The narrow constraints of this 'Very Short Introduction' format free me from the obligation to map the discipline comprehensively. Instead I will try to convey the distinctive essence of the sociological vision. This will be done in three stages. First, I will explain the status of the enterprise by considering what is meant by describing sociology as a social science. In Chapters 2, 3, and 4 I will try to explain some of its fundamental assumptions. In the final chapter I will try to clarify the sociological enterprise by ridding it of some unfortunately popular impostors.

Acknowledgements

I would like to thank Professor Gordon Marshall of Nuffield College, Oxford, and George Miller of Oxford University Press for suggesting that I write this book. Professor Marshall, Professor Steven Yearley of the University of York, and Dr David Inglis of Aberdeen's Sociology Department, were kind enough to comment on early drafts. As always, Hilary Walford's copy-editing will have ensured that I have not said anything I did not mean to say.

Chapter 1
The Status of Sociology

Sociology and science

For as long as we have been impressed by our understanding and control of the material world, scientists and philosophers of science have tried to specify just what distinguishes successful modern science from such dead ends as trying to produce gold from stone or reading our future in the stars. Unfortunately all such attempts have failed to produce unambiguous lines of demarcation, and, when we have looked closely at what real scientists actually do, we often find that the working life of science fails to match the picture painted by the philosophers. None the less we can list a series of characteristics that are more likely to be found in astronomy than astrology, for example. While we cannot with absolute certainty divide ideas about the material world into science and pseudo-science, we can still profitably talk about things being 'more or less' scientific.

A good starting point is to assert that any good scientific theory should be internally consistent. This immediately separates it from much of what passes for lay reasoning. My mother contradicted herself more often than not. That something she said one moment was incompatible with her next pronouncement hardly ever troubled her. She once criticized a roadside café by asserting that the food was vile and the portions were too small!

A good scientific theory should accord with the evidence. This may seem obvious, but what the scientist should demand in this respect is considerably more rigorous than that which the lay person habitually accepts. Very different standards operate, for example, in conventional and in alternative medicine. Although driven by commercial imperatives to get their new wonder drugs to the market before those of their rivals, pharmaceutical companies subject their products to lengthy and extensive trials. In 'double-blind' testing, large numbers of patients are divided into test and control groups. One is given the new drug; the other a harmless and inert 'placebo'. Until the allocations are revealed at the end of the trials, neither patients nor doctors know who is getting the real drug and who the placebo. Only if the test sample shows a marked improvement over the placebo group is the trial accepted as good evidence of the effectiveness of the drug. In contrast, alternative therapies such as faith healing, acupuncture or magno-therapy are rarely tested; the personal experience of the practitioner, supported by a few anecdotes of miracle cures, is taken to be sufficient to establish effectiveness. Such testing as takes place is never double-blind, and thus the possibility that any perceived benefits result from a placebo effect is never eliminated.

Thirdly, science constantly changes. Its findings are never 'true' in an absolute now-and-forever sense; they are always provisional and can always be improved. The convincing orthodoxy of one century becomes the historical curiosity of the next. It is a little awkward to say that science makes *progress*, because we do not know where we are going, but we certainly know where we have been and can thus talk about science gradually moving away from error. Again we can see the point if we contrast the reliance of medical science on experimental proof with the reliance of alternative therapies on tradition. In the world of Bachian flower remedies, Feng Sui, and Shiatsu massage, that something has been done for centuries (preferably in a culture untainted by modernity) establishes its validity. Given that such fundamentals of medical science as the body's circulatory system are relatively recent discoveries, the scientist is rightly not impressed by the age of an idea.

In bad science (such as Erich Von Daniken's claims that the Egyptian pyramids were built by visiting spacemen) theories are supported by snippets of fact plucked out of context. In good science the key to the replacement of one explanation by another is the systematic collection of *extensive* data that bear on the matter.

But this is not enough. Few ideas are so bizarre that no evidence can be found to support them. Reasons to believe are quite easy to find. A much more telling test is to search for reasons not to believe, to seek evidence that does not fit. In good science the most persuasive ideas are those that survive repeated attempts to prove them wrong.

This brings us to one of the most important features of good science: the way it deals with failure. Imagine I develop a new theory about the behaviour of subatomic particles. In my laboratory, assisted by students whom I have trained in my perspective, I generate lots of experimental observations to fit my theory. But then scientists elsewhere repeat my work and fail to confirm my findings. I should reconsider my theory in the light of the new evidence. If it can be developed so as to encompass the new results or can explain why the new observations are misleading, then it stands. If not, we should abandon it.

The value of this approach is most easily seen if we consider an alternative. A client comes to a witch doctor with a very bad skin rash. The witch doctor poisons a chicken, and, from the way the chicken staggers before dropping dead, the witch doctor determines that the rash has been caused by the client's sister-in-law bewitching him. The client is given a charm and told that, if he wears it for a week, the spell will be broken and the rash will clear up. But it does not work: a month later the rash is as bad as ever. Instead of concluding that the idea that illness is caused by evil spells is nonsense and that the charm is without curative power, the witch doctor explains that the charm did not work because the client did not have enough faith. What appears to be failure is turned into further support for the system of belief.

Though this illustration is taken from African traditional medicine, we can find many examples of modern scientists being similarly inventive in trying to save their pet theories from refutation. Clearly good science would be served by scientists being very heavily committed to the scientific enterprise in general but not being overly attached to their own particular theories. But then scientists are only human. What saves the enterprise from having to depend on individual scientists being saintly in their detachment is the fact of *competition*. The person who has spent twenty years developing a particular theory about subatomic particles is likely to work hard to defend the body of ideas that has made his name. However, the career structure of natural science means that there will be lots of other people working in the same field who do not owe the great man any favours and who are desperately trying to prove him wrong in order to advance their own competing explanations.

Science thrives on the free exchange of ideas and on intellectual competition. It stagnates when, as happened in the Middle Ages under the Catholic Church and under Stalin in the Soviet Union, an outside agency tries to impose on scientists an orthodoxy that is not rooted in the work of the discipline. In the nineteenth century some geneticists argued that characteristics that individuals acquired during their lifetimes could be passed on through their genes. French biologist J.-B. Lamarck believed that the giraffe owed its long neck to the habit of stretching to feed on tree leaves. The counter-case would suppose that 'long-necked-ness' was already a genetically encoded quality and that those giraffes that possessed it had a better chance of survival than those that did not. So genetic stock changes through 'natural selection' rather than learning. By the 1920s the Lamarckian view had been largely abandoned. However, it survived in the Soviet Union, where the natural-selection alternative was thought to be too close to the logic of capitalism and hence politically unacceptable. T. D. Lysenko used his political position to have Lamarckism incorporated in official Communist philosophy, and those geneticists who opposed him were either forced to recant or exiled to Siberia. Only in the 1950s did Soviet biology recover from Lysenko's influence. Sadly, the official sponsorship of the wrong side of the argument blighted not only Soviet biology but also the Soviet economy. The ideologically justified rejection of 'bourgeois' genetics cut the Soviet Union's agriculture off from the great advances in crop development enjoyed in the West.

It is now fashionable to deride the idea that the scientific method guarantees truth. Sociology has itself played a significant part in undermining the grander claims of science by showing that its ways of working are often similar to the mundane methods ordinary people use to make sense of the world and that scientists are not immune to interests and values that compromise their claims to detachment. None the less, modern science has been so successful in allowing us to understand and manipulate the natural world (far too successful, many critics would say) that it offers an obvious place to start when we consider how we might study the social world. That is, it is not an accident that, in most university structures, sociology is to be found, not with 'arts and humanities', but in faculties of 'social science'.

Can sociology be scientific?

However, if we begin our description of the sociological enterprise by saying that it should model itself on the methods of the physical sciences, we cannot proceed very far before recognizing some fundamental limits to such imitation.

The first is that social scientists can rarely construct experiments. While researching the Ulster Defence Association (UDA) and the Ulster Volunteer Force (UVF), the two main loyalist terrorist organizations in Northern Ireland, I became interested in how certain people had come to occupy important leadership roles. Having found out everything I could about the leaders (and about those who might have been regarded as leadership material but never made it), I came to a number of tentative conclusions. Contrary to what one might expect of terrorist organizations, it was not personal viciousness that kept leaders in office. Out of some thirty cases, I could find only two people who had ruled by fear. One of them was murdered by his own people as soon as his more senior protectors had lost office; the other would have been had he not been arrested and imprisoned. What was much more important than naked coercion was the talent of being able to persuade and reconcile. However, this skill seemed to be common among UDA and UVF leaders across the twenty-five years of the organization, which left unexplained a major difference in the background of those who commanded the UDA and UVF in the 1970s and those who replaced them in the mid-1980s.

While diplomacy was a general requirement, social status was important for the first decade but not thereafter. The first generation of leaders were almost always people who had occupied some sort of community leadership role *before* the Troubles broke out and the Protestants of working-class areas started to organize themselves into vigilante groups. They had held office in trade unions, community associations, the Ulster Unionist party, and housing associations. The men who came to prominence in the late 1980s were very different. Most had grown up in the terrorist organizations and had come to the fore because they were 'operators' – ruthless killers and planners of terrorist actions or of such necessary subsidiary activities as fund-raising by bank-robbing, extortion, and drug-dealing.

The differences between the generations led me to the following conclusion. In a new enterprise, where no one has experience or can point to a track-record, general marks of status or competence are called on to determine leadership. In modern educational jargon, leadership is taken to be a transferable skill. But once an enterprise has been going for long enough for large numbers to have gained experience of its core activities (in this case, planning or carrying out murders and related criminal acts), then it becomes possible to judge potential candidates for leadership on the core skills of the organization.

So the attention of members shifts from very general marks of competence (such as having been prominent in some other community activity) to more specific task-related attributes.

This explanation could be quite wrong. What matters for my purposes here is how I could further test my idea. The chemist studying bromide reactions could have devised further experiments that held constant what were taken to be extraneous variables and focused changes on just those things that were thought to be central. But I could not, for experimental purposes, take a previously stable society and start a minor civil war. No reader should need persuading that the pursuit of social-scientific knowledge cannot justify terrorism. Even if I had had no ethical scruples, it would have been impractical. I had neither the wealth nor the power to start a small war and motivate people to take part in it.

However, let us imagine that both ethical and practical obstacles had been overcome. Creating my own terror group would still not have produced data comparable to those from the repeated experiments of the bromide chemist, because my terror group would not have been the same as the 'naturally occurring' ones I wished to understand. There are two problems. One is that artificial experiments in the social sciences have a fundamentally different relationship to the real world than chemistry experiments because the social experiment is not a facsimile of the naturally occurring: it is itself a novel social event. The other issue is that social life appears to be too complex to be broken down into simple component parts that can then be examined in isolation.

So one major difference between the natural and social sciences is that the ideas of the latter cannot normally be rigorously tested by being subjected to experiments that isolate the features of human action that interest us from the complexities of ongoing life. However, we can and often do perform quasi-experiments in which we try to compare the action that interests us in a variety of settings that are mostly similar but different in just one or two key ways. The work of Rosabeth Kanter on utopian communities provides a good illustration. She wanted to know why some communes succeeded while others failed. Her extensive reading of the history of such groups and her own involvement in the communes of the 1960s had given her some general ideas about which features of such engineered societies might work. So she began with some hypotheses, derived from previous scholarly work and shaped by her own unsystematic observation, and then sought a test of those ideas. To avoid the effects of differences in the communities being swamped by differences in their surrounding societies, she concentrated on communes that had been formed in one country within a relatively short time period: the United States between 1780 and 1860. She managed to identify ninety such communities: eleven 'successes' that had survived twenty-five years (the conventional view of a generation) and seventy-nine 'failures' that had not lasted a quarter of a century. She concluded that, although there was no short list of properties that were present in all the successes and uniformly absent from the failures, there were characteristics that were common in almost all of the communities that had survived one generation and were rare in the failures. The successes demanded various forms of sacrifice (such as abstinence from sex, alcohol, and dancing) from their members. They had world-views that drew hard lines between the good people of the commune and the rest of the world. They had very strict definitions of membership and rigorous membership tests. New members were required to prove their commitment by investing a great deal of time and money in the enterprise, which in turn made it costly to defect. Almost all the successes bolstered this psychic and social separation from the world with geographical isolation. Kanter concluded that commitment was not a mysterious phenomenon that had to precede the formation of a utopian community. Rather it was a social property that could be engineered by the deliberate use of what she called 'commitment mechanisms'.

Researchers since have modified Kanter's conclusions. I have argued that it is easier to engineer commitment to some sorts of belief-systems than to others. Those political philosophies and religions that vest supreme authority in the individual are far more difficult to organize than those that can evoke some higher power. Conservative Catholics and Protestants can form successful communities; liberal Protestants and devotees of the New Age cannot. However, here I am more interested in Kanter's method than in her conclusions. She very ably demonstrates that, while we cannot experiment as easily as the natural scientist, with some imagination we can find 'naturally occurring' data, examples from real life, to simplify social phenomena.

Social scientists routinely do this with large-scale social surveys. Imagine we want to know what effect gender has on political preferences. We could ask large numbers of men and women how they voted in the 1997 election that brought Labour to power in Britain after eighteen years of Conservative rule, and compare the answers. However, if we stopped there we would learn very little, because other characteristics such as income, levels of education, race, and religion also affect political preferences. So we would ask our men and women further questions that allowed us to assign them labels for levels of income, years in formal education, ethnic identity, religious affiliation, and so on. We could then use statistical methods to work out which of these characteristics, either on its own or in combination, has the greatest effect on voting behaviour.

While such research is illuminating, its conclusions are always tentative and probabilistic. We can say with confidence that working-class people are more likely to lean to the left politically than the upper classes. But there are enough exceptions to that proposition to stop us treating it as if it were a natural law. In the 1950s it was possible to identify a group of 'deferential workers' that, though we might want to call it 'objectively' working class, was none the less extremely conservative in its politics and supposed that the upper classes would make a better job of running the country than the representatives of the workers. In the 1980s

Margaret Thatcher's brand of conservatism (*laissez-faire* on economics but authoritarian on social issues) drew strong support from sections of the working class in the prosperous south-east of England. So we start with a simple expectation and find that it needs to be refined. Simple divisions of people by type of occupation (such as manual and non-manual work) are not powerful predictors of voting. So we further divide class or we add other considerations, but we find that our propositions never move beyond probabilities.

Some sociologists take such failures as encouragement to become more sophisticated in the definition, identification, and measurement of what are taken to be the causes of social action. While improvement in those three areas is all to the good, sociology's failure to produce 'laws' reflects far more than its relative immaturity. After a century of scientific sociology, the 'it's-early-days-yet' defence sounds rather thin. More research and more sophisticated methods of analysing the data we collect will make us better informed, but we will never discover the laws of human action because people are not like atoms.

The subject matter of the social sciences is conscious sentient beings who act out of choice. At this stage we do not need to get bogged down in well-rehearsed arguments about the extent to which people are really 'free'. All we have to recognize is that, whatever the sources of uniformity in human behaviour (and more of that later), they are not 'binding' in any absolute sense. The most oppressive regime may constrain us so tightly that we can choose only between conformity and death, but we can still choose the latter. This distinguishes us utterly from the subject matter of the natural sciences. Water cannot refuse to have its volatility increased as it is heated. With pressure held constant, water cannot boil at 100°C for four days and then refuse to do so on the fifth day. People can. Even the lowest worm can turn.

This leads us to recognize that what counts as explanation in the social sciences is quite unlike explanation in physics or chemistry. We explain why the kettle boils by citing the general laws of pressure, temperature, and volatility. Because the water has not *decided* to boil (a decision that it could change on some other occasion), we do not need to refer to the consciousness of the water. If we wish only to identify some very broad regularities of human behaviour, then we can treat social characteristics like the variables of natural science and propose, for example, that unskilled workers are more likely than businessmen to vote socialist, but if we wish to *explain* why that is the case then we have to examine the beliefs, values, motives, and intentions of the people in question. Because the human consciousness is the engine that drives all action, the social sciences have to go further than the natural sciences. When the chemist has repeatedly found the same reactions in his bromides, he stops. Identifying the regularity is the end of that search. For the social scientist it is only the beginning. Even if we found that everyone in a particular situation always did a particular thing (and such strong regularities are almost unknown), we would want to know *why*.

The words 'what' and 'why' can neatly express the difference. For the chemist they can be the same thing. When you have collected enough data under the right controlled circumstances to be confident you know what happens, you also know why. But when the German sociologist Max Weber collected enough information to persuade himself that there was some strong connection between the spread of the Puritan branch of the Protestant Reformation and the rise of modern industrial capitalism (the 'what' issue), he had only begun. He wanted to know *why* the Puritans developed a set of attitudes that were particularly conducive to modern entrepreneurial methods. He wanted to know why a particular set of religious beliefs could have created a novel attitude to work and to consumption. He sought the answer in the minds of the Puritans. In order to explain, he had to understand.

The sociologist's interest in beliefs, values, motives, and intentions brings with it concerns unknown in the natural sciences. In order to understand people, we need to solicit their views or 'accounts' of what they are doing. Furthermore, we can take the same point back one step and note that it is not just understanding that requires some interest in motives. Even *identifying* the social act we wish to understand requires attention to motives. Let us go back to our pan of water. There are ways of defining when a liquid changes to a gas that make no reference to its state of mind. But the actions of people cannot be identified simply by observing them. Or, to put it another way, the action itself is not enough. Suppose we are interested in how people interact in public places. We could sit at a table in a crowded railway station and watch and take notes. But if we confined ourselves only to what was visible, we would learn little. We could note 'man facing platform raises arm in air and moves it from side to side'. We could not say 'man waves to greet incoming passenger', because that second description gives a particular interpretation to the physical action. He might actually be trying to relieve a trapped nerve.

For very simple acts performed by people of our own culture, we can often assume we know their significance. I have met enough people off trains to know 'waving' when I see it. But suppose the action involved kneeling and lowering and raising the body with the arms outstretched. If it was Peking, it might be a form of exercise. If it was Cairo, it might be a Muslim at prayer. In the end the only way to ascertain the meaning of the action is (in some way or another) to ask the person in question: 'What are you doing?' So even the identification of actions requires some attention to motives and intentions.

Even more so does the explanation of actions. In one way or another the sociologist ends up having to ask people 'why are you doing this?'. But the very fact of asking (in whatever form) is itself a piece of social interaction. The accounts that people give can be both honest attempts to reconstruct past motives and performances through which they pursue present interests.

In some settings the distortion is obvious. We can be sure that the story people give of their actions during their defence in court, or in pleading for mitigation after admitting guilt, will be quite different from the version they give to friends and family after they have been found 'Not guilty' or avoided a custodial sentence. The person telling the story has interests in the outcome of the telling and the court itself requires stories to be told in an unusually stylized manner. I am not saying that the formal courtroom version is false and the informal version true. What I am saying is that giving an account is itself a social activity and not merely an explanation of earlier activities.

Another example can be drawn from religious conversion stories. It is common in evangelical Protestant circles for converts to 'witness' to their faith by recounting their experience of conversion. One need hear only a very small number of these testimonies to realize that they follow a few common templates. The convert was raised in the faith by a godly mother who did her best to keep the child on the straight and narrow, but the temptations of the world were too great, and the child fell away into a life of sin. Whatever pleasures that life produced turned to ashes in the mouth. Some precipitating crisis (often the death of the saintly mother or another loved one) brought the convert 'under conviction of sin'. 'As I drove home that night, I felt a weight of sin pressing on me. I realized that if I died then I was going to hell. I stopped the car and prayed for Jesus to come into my life.' The day and the time and the place are stated. In the final paragraph of the story, the convert relates how much his life has changed for the better since he gave himself to the Lord. Now, it may be that such testimonies are very similar because the underlying reality they purport to describe is similar. But, given that anyone raised in an evangelical culture will have heard hundreds of such stories, it is always possible that the similarities stem from the popularity of the story form and its role in shaping how people interpret their experiences.

I repeatedly encountered a version of this problem in my interviews with loyalist paramilitaries in Northern Ireland. Some people, probably from reticence well ingrained from years of resisting police interrogation, deliberately downplayed their role in terrorist crimes. Others, presumably to 'put the wind up' a middle-class academic, exaggerated their crimes. One man was so keen to brag of his deeds that he claimed a murder I knew he had not committed. When I mentioned this to another loyalist, he dismissively said: 'Aye, that's Judge Dread for you. He'd claim he topped Bambi's Mum if you asked him.' But the problem of the research interview itself distorting the evidence it seeks to collect is not confined to research on crime and other obviously sensitive subjects. It pervades every kind of social investigation, because the act of investigation introduces new variables.

To give just one example, public-opinion pollsters used to ask people how they felt about this or that and report their answers without considering that the very fact of asking people might lead them to assert feelings about things of which they knew nothing and cared even less. One Californian survey slipped in a question about an entirely fictitious issue that was supposedly to appear on a forthcoming referendum. Respondents were asked 'You will have heard of the Snibbo amendment. How do you feel about it?' and they were given the options of 'strongly support', 'support', 'am neutral', 'disapprove', and 'strongly disapprove'. A large proportion of respondents claimed to be either in favour or against, many of them strongly so. Perhaps they felt they would look foolish if they admitted they had no idea what the interviewer was talking about. Perhaps they were just trying to be helpful. Perhaps the nature of the interaction ('Here I am answering questions') led respondents to get so firmly into the way of giving definite responses that inertia carried them over what they should have seen as a break in the tracks.

What people say and what they actually did might be linked in four ways. First, respondents may not recall or understand their motives. Secondly, they may recall or understand all too well but deliberately dissemble. The nineteenth-century industrialist J. P. Morgan hit on an important point about the desire to appear decent and honourable when he said: 'For every act there are two reasons: a good reason and the real reason.' Thirdly, whatever the level of self-understanding and willingness to be honest, the setting for the giving of accounts may exert such an influence that we cannot with confidence use what people say as a guide to their previous mental states. Individual variety might be funnelled into apparent consensus: the conversion testimony is an example. Between these last two types, we can place a fourth case: collective dissembling. Often a group of people share what for them are good reasons for their actions but routinely 'explain' what they do by calling on a publicly more acceptable language of justification. For example, doctors may ration expensive treatments for renal failure or lung cancer by informal moralizing about what sort of person *deserves* their attention, but then avoid having to defend such reasoning by claiming that decisions were made solely on grounds of the likelihood of the intervention being successful.

One possible response to the variable relationship between why people act and what they later say about their actions is to give up trying to understand what Harold Garfinkel disparaged as 'what goes on in people's heads'. The more radical of Garfinkel's students argued that we cannot in the conventional sense *understand* people. All we can do is study the mechanics of account-giving. Thus we can analyse the formal structures of courtroom talk but we cannot use that talk to determine guilt. We can describe religious conversion testimonies in the same way that we can analyse an orchestral score, but we cannot use them as data to explain conversion.

This is an unwarranted conclusion. There are no magical spells that, if correctly performed, will separate the information that leads us to understand from the dross that deflects our attention. But, equally well, courts sometimes arrive at the truth; skilful interrogators penetrate obfuscatory defences; pollsters find ways of overcoming 'compliance effects'; and industrious researchers get a fix on an obscured area of social activity by studying it from a variety of angles. That we have no infallible technique does not mean that we are bound always to fail. If ordinary people can sometimes draw warranted conclusions from speech, why not the social scientist?

So far the differences between the natural and social sciences have been discussed to the disadvantage of the latter. I would now like to suggest a very different conclusion. Consider the position of racehorse trainers. Long experience may give them confidence that they can put themselves in the horses' hooves. But social scientists begin with the great advantage of sharing biology, psychology, and a great deal of culture with their subjects. I have never been a member of a terrorist organization and I have oriented my life around avoiding assassination and arrest. But I can find in my own experience causes to which I have been strongly attached, events that have caused me great fear and anger, and actions of which I am proud and others of which I am profoundly ashamed. Even when those we study seem as distant as citizens of a foreign country, there is enough in our common humanity to create countless border-crossings. We may misunderstand, but there will be opportunities to clear up confusion. Whatever analytical purchase is lost by us not being able to experiment is amply regained by our ability to sustain extended conversations with our subjects. I could not test my ideas about terrorist career structures experimentally, but I could, directly and indirectly, raise them with my respondents.

Conclusion

To summarize, whatever reservations we may have about how closely actual scientists conform to the high standards set in their programmatic statements about what they do and why it works, we need not doubt that the natural sciences offer the best available template for acquiring knowledge about the material world. Critical reasoning, honest and diligent accumulation of evidence, subjecting ideas to test for internal consistency and for fit with the best available evidence, seeking evidence that refutes rather than supports an argument, engaging in open exchanges of ideas and data unconstrained by ideological commitments: all of these can be profitably adopted by the social sciences. However, we need to appreciate the differences between the subject matter of the natural and the human sciences. People think. They act as they do, not because they are bound to follow unvarying rules but because they have beliefs, values, interests, and intentions. That simple fact means that, while some forms of sociological research look rather like the work of chemists or physicists, for the sociologist there is always a further step to take. Our notion of explanation does not stop at identifying regular patterns in social action. It requires that we understand.

Chapter 2
Social Constructions

Defining sociology

Most disciplines can be described either by the focus of their attention or by their basic assumptions. Thus we could say that economists study the economy or we could say that economists assume that a fundamental principle of human behaviour is the desire to 'maximize'. If we can buy an identical product in two shops at two different prices, we will buy the cheaper one. From that simple assumption an increasingly complex web of assumptions is spun. For example, economists go on to assume that, as the price of wheat falls, so demand for it will increase. As the price of wheat goes up, so farmers will produce more.

Similarly we could describe sociology as the study of social structures and social institutions, and sociological work is often divided into such topics as the class structure of modern societies, the family, crime and deviance, religion, and so on. However, to list what we study gives no sense of what is distinctive about the way we do it. Like a charm bracelet, this account of sociology will hang a number of substantial observations from a central thread made of the following strands: reality is socially constructed, our behaviour has hidden social causes, and much of social life is profoundly ironic.

Humans create culture

When Darwin's theory of evolution seeped into popular culture, it became common to see humans as just big clever animals. At the start of the twentieth century the notion of instincts provided a popular way of explaining our actions. At the end of the century, advances in mapping genes allow us to explain certain sorts of illness and the idea that we were determined by our biology has again become popular.

An easy way to dismiss the more extreme forms of biological determinism is to point to the many ways we deliberately reject instincts. There may be a will to live but we can commit suicide. There may be a will to reproduce, but women can choose not to have children and still live apparently fulfilled lives. There may be a sex urge, but celibacy is possible. The claims for biology are further weakened if we note the considerable cultural differences in what might be instinctual. Not only do people kill themselves but the suicide rate differs from one society to another, as does the frequency of childlessness. Whatever part instinct plays in our lives, it is complicated by cultural variations.

Yet biology can provide a useful starting point because, if we understand the extent to which the biology of lower animals determines their lives, and then appreciate the extent to which it *fails* to do so for humans, we can see the tremendous importance of culture. Ants do not ponder whether to follow the lead ant. They follow each other because their genes programme them so to do. Salmon do not consider where might be nice to reproduce; they automatically return to spawn where they spawned before. In contrast, humans derive very little direction from their biology, which creates difficulties: for the individual in terms of self-management and for the group in terms of coordination. As I will explain below, what follows is thoroughly artificial in that it poses problems we have already solved. None the less, by understanding those problems, we can appreciate the importance of the solutions.

Arnold Gehlen used the term 'world-openness' when he contrasted the enormous potential of the human condition with the very limited opportunities enjoyed by other animals. Our practical capabilities far outstrip those of other species. Bulls can eat, walk, and run around, bang heads with other bulls, and mount those cows that are in heat. And that is about it. Bulls cannot transcend the constraints of their environment. We can build towns under the Alaskan ice where those who work extracting oil from the frozen wastes can enjoy a Jacuzzi and watch Hollywood films in a heated cinema. There is so much we *could* do that, without some guidelines as to what we *should* do, we would be paralysed by indecision. So we simplify by creating routines and forming habits. What worked one day becomes the template for action the next. We get up about the same time every day, eat the same sorts of things, and put on the same sort of clothes. By ignoring most of our possibilities and treating a large part of the rest as habits, we retain just a small area of the world for freely chosen thought-about actions.

But, even once habit-forming has reduced world-openness to something manageable, we would still be ruined by the inherent restlessness identified by French sociologist Émile Durkheim. He begins with the proposition that 'No living being can be happy or even exist unless his needs are sufficiently proportioned to his means'. For most other animals, such equilibrium is established 'with automatic spontaneity'. The goals of the ant are simple and are determined by its biology. The extent to which it can meet those goals is determined by its environment. The ant is satisfied or it is dead. It makes no sense to talk of an unhappy or alienated or frustrated ant. As Durkheim puts it:

> When the void created by existence in its own resources is filled, the animal, satisfied, asks nothing further. Its power of reflection is not sufficiently developed to imagine other ends than those implicit in its physical nature. . . . This is not the case with man, because most of his needs are not dependent on his body or not to the same degree.

Consider the consequences of our freedom from instinctual or environmental control. No matter how much we achieve or acquire, we can always want to have or have been more. Indeed success seems only to stimulate further desire. The young man wants a car. After much saving, he acquires a Citroen 2CV. For a year or so, he is content. Then he begins to resent being overtaken by everything else on the road and yearns for a car with four cylinders. With further saving, he progresses to a Vauxhall Viva, which is faster than the 2CV, and, for a year or so, he is a happy motorist. But then he wants a car with a powerful engine and the yearning returns. So he graduates to a Vauxhall Cavalier. And so it goes. Even when he buys the car of his dreams, he can want two cars: the powerful saloon for motorways and a four-wheel-drive vehicle for the rough countryside around his house.

In part such frustration is a modern problem, a consequence of the weakening of the traditional restraints. In part it is a direct result of capitalist advertising stimulating the desires. But the problem is also a general one. What Durkheim wrote at the start of the twentieth century could refer to non-material goals as much as to material possessions.

> All man's pleasure in acting, moving and exerting himself implies the sense that his efforts are not in vain and that by walking he has advanced. However, one cannot advance when one walks toward no goal, or – which is the same thing – when his goal is infinity. Since the distance between us and it is always the same, whatever road we take, we might as well have made the motions without progress from the spot. Even our glances behind and our feelings of pride at the distance covered can cause only deceptive satisfaction, since the remaining distance is not proportionately reduced. To pursue a goal which is by definition unattainable is to condemn oneself to perpetual unhappiness.

The solution is *regulation*. A moral force, a shared culture that specifies what we can desire and how we can attain those goals, takes the place of the biological straitjacket. To fill the gap left by what Gehlen called 'instinctual deprivation', people create social frameworks. Some parts of those frameworks may be fixed in formal law. The bulk of it is merely conventional. There is no law that says that white-collar workers in management positions should wear dark two-piece suits, but every aspirant to senior management knows how to dress. At its most effective, the straitjacket is applied not to the outside of the body but to the inside of the mind. We are socialized in the culture so that important elements of it become embedded in our personalities.

If we can see the importance of culture in giving a framework within which the individual can achieve contentment, the third problem of world-openness – coordinating joint action – should be even more obvious. Where, as with ants and bees, communication and coordination are themselves biological, there is no difficulty. One ant does not need to interpret the signals given off by another. It responds automatically to the secretions. Even complex matters such as arranging the appropriate combinations of roles within a hive of bees are not debated by the bees. They respond automatically to the death of the queen bee by feeding another egg the genetic material which will turn it into a queen.

Roles

Human biology does nothing to structure human society. Age may enfeeble us all, but cultures vary considerably in the prestige and power they accord to the elderly. Giving birth is a necessary condition for being a mother, but it is not sufficient. We expect mothers to behave in maternal ways and to display appropriately maternal sentiments. We prescribe a clutch of norms or rules that govern the *role* of mother. That the social role is independent of the biological base can be demonstrated by going back three sentences. Giving birth is certainly not sufficient to be a mother but, as adoption and fostering show, it is not even necessary!

The fine detail of what is expected of a mother or a father or a dutiful son differs from culture to culture, but everywhere behaviour is coordinated by the *reciprocal* nature of roles. Husbands and wives, parents and children, employers and employees, waiters and customers, teachers and pupils, warlord and followers; each makes sense only in its relation to the other. The term 'role' is an appropriate one, because the metaphor of an actor in a play neatly expresses the rule-governed nature or scripted nature of much of social life and the sense that society is a joint production. Social life occurs only because people play their parts (and that is as true for wars and conflict as for peace and love) and those parts make sense only in the context of the overall show. The drama metaphor also reminds us of the artistic licence available to the players. We can play a part straight or, as the following from J.-P. Sartre conveys, we can ham it up.

> Let us consider this waiter in the café. His movement is quick and forward, a little too precise, a little too rapid. He comes towards the patrons with a step a little too quick. He bends forward a little too eagerly; his voice, his eyes express an interest a little too solicitous for the order of the customer. Finally there he returns, trying to imitate in his walk the inflexible stiffness of some kind of automaton while carrying his tray with the recklessness of a tightrope-walker. . . . All his behaviour seems to us a game. . . . But what is he playing? We need not watch long before we can explain it: he is playing at being a waiter in a café.

The American sociologist Erving Goffman built an influential body of social analysis on elaborations of the metaphor of social life as drama. Perhaps his most telling point was that it is only through acting out a part that we express character. It is not enough to be evil or virtuous; we have to be seen to be evil or virtuous.

The distinction between the roles we play and some underlying self will be pursued later. Here we might note that some roles are more absorbing than others. We would not be surprised by the waitress who plays the part in such a way as to signal to us that she is much more than her occupation. We would be surprised and offended by the father who played his part 'tongue in cheek'. Some roles are broader and more far-reaching than others. Describing someone as a clergyman or faith healer would say far more about that person than describing someone as a bus driver. Here the main point I want to make is that, in the absence of strong biological linkages, reciprocal roles provide the mechanism for coordinating human behaviour.

Order and orders

To prevent my line of argument from becoming confused with a related point, I would like to add a brief aside. Durkheim and Gehlen are often misunderstood by being narrowly depicted as political conservatives. To see only their concern with political stability is to miss the bigger point. All human action, conservative or radical, reactionary or revolutionary, requires some basic ordering. Thomas Hobbes worried that without some external power imposing civility, people would selfishly pursue their own interests to the detriment of the good of all. My point is that even such self-seeking requires a considerable amount of common culture. Even anarchists must stabilize their characters, communicate with each other, and understand the enemy!

We make life manageable by creating social institutions that do for us what instincts do for other animals. By routinizing programmes of action and either painting them onto the 'backcloth' or writing them into a script, we can leave free for creative improvisation and conscious choice an area that is small enough for individuals and groups to manage without becoming overwhelmed.

However, though we may on calm reflection see the virtues of allowing large parts of our lives to follow well-worn paths, modern people periodically feel themselves frustrated by the impersonality and predictability of life. As Laurie Taylor and Stan Cohen illustrate in *Escape*

Attempts, we often try to distinguish between the social roles we play and the real 'us'. Like Sartre's waiter, we perform in such a way as to show to our audiences that we are more than, and can rise above, our roles as managers, civil servants, bus drivers, fathers, and loyal spouses. We may use hobbies, holidays, and weekend trips to establish a persona separate from our place in the paramount reality of everyday life. However, and this reinforces Gehlen's case for the importance of shared order, even these escape attempts are commonplace and repetitious. Just as sheep without thinking about it will take the same least arduous route around a hill, so, even when we think we are engaging in daring, radical, and convention-defying acts, our lives tend to follow well-beaten tracks. The middle-aged businessman, bored with his wife and family, tries to rediscover his autonomy (and his youth) by having a fling with his secretary. He imagines he is an explorer heading out into uncharted waters, but, in his attempt to escape from the oppressive routines of his daily life, he merely embraces yet another well-worked script. He has climbed over the prison wall to what, for a while, he imagines is freedom, but he soon concludes that he has simply fallen into the exercise yard of a different prison.

The solidity of culture

The above is one development of the idea that reality is socially constructed. Against those who suppose that the regularities in human action stem from our common biology, the sociological perspective begins by noting that humans differ from other animals in the extent to which their worlds are open and potentially unformed. Hence such regularities as we find (and we find them often because they are essential to the maintenance of psychic and social stability) are a product of culture: people make it up. And culture cannot be reduced to biology.

There is a further small but important version of this claim. Even when objective stimuli are implicated in our actions, it is our *interpretations* of those stimuli that affect our behaviour. Consider the way we 'get drunk'. It is unlikely that there are major differences in the way that the Australian Aboriginal farmer, the New York businessman, the Scottish medical student, and the Italian child metabolize alcohol, but there are huge variations in how these peoples behave when they drink. I do not mean just that cultures differ in attitudes to drunkenness, though they do. What is acceptable for a fishing crew returned from a week in the north Atlantic is not what one would expect at a business lunch in Tokyo. I mean that the 'overlay' of culture is such that different peoples *expect* alcohol to affect them in different ways and as a result do indeed feel different. The amount of alcohol that in one context produces staggering, incoherent speech, and incontinent giggling can in another produce quiet reflection and feelings of peace. Or, to put it another way, we learn what to expect and by and large find it. As Howard Becker argued in his seminal essay 'Becoming a Marijuana User', the same objective sensation could be interpreted as elation or nausea and learning to feel the former rather than the latter is a crucial part of becoming a dope smoker.

This brings me to an aspect of sociology that causes great difficulty for novices. It is tempting to divide the world into things that are real and things that are imagined: an objective external reality and subjective internal landscapes. One of my students, who lacked both a way with words and a sense of the ridiculous, managed to summarize criticisms of biological explanations of schizophrenia by saying 'So we can see that mental illness is all in the mind'! Possibly, but the realm that interests sociologists is neither 'all in the mind' nor entirely external to our consciousness: it is inter-subjective. Things that people imagine, provided they are imagined similarly by large enough numbers of people, can have an enduring and even oppressive reality indistinguishable from the 'objective' world. In considering how we explain our actions, the American social psychologist W. I. Thomas wrote that, if people define situations as real, then they are real in their consequences. The man who believes his house is on fire will run from it.

That the house does not burn down proves his belief was wrong, but none the less, to understand why the man evacuates his house what matters is his belief and not the 'truth'.

The same point can be made on a much bigger scale if we consider a social institution such as religion. Sociologists do not want to get involved in the tricky business of deciding which religion, if any, is correct. We need observe only that there are hundreds of religions, many of which are basically incompatible. If Roman Catholics are right, then evangelical Protestants, Muslims, Hindus, and Buddhists are wrong. So we can accept minimally that one or more religion is mistaken. Yet religious belief systems can be immensely powerful. The Christian Church in the Middle Ages exercised enormous power. It ruled states and its beliefs shaped high culture and the everyday lives of the people. Through its rituals, and the ideas expressed in those rituals, the Church provided an accompaniment to birth, marriage, and death and to the cycle of changing seasons. Although detailed theological knowledge was restricted to the few people who were literate, almost everyone knew that there was a God who had made the earth and heaven and hell, who demanded certain types of behaviour, and who punished and rewarded. Even the not-especially devout shaped their behaviour to conform to the Church's interpretation of divine requirements and had frequent recourse to the Church's magic. Blessed amulets, holy water, relics of the saints, and a forest's worth of pieces of the Holy Cross were objects of veneration and practical devices to improve health, social relations, and agricultural productivity. I need not labour the point: whether or not the medieval Christian Church had the 'true' religion, people believed that it had and acted accordingly.

However, and this is the vital point, social constructions are viable only to the extent that they are *shared*. Fabrications they may be, but, if everyone believes them, then they are no longer beliefs; they are just 'how things are'. But a world-view that is shared by few people does not attain that solidity: it remains belief. If it is shared by very few or only one, it will be seen as madness.

So far I have simplified by supposing that what matters for the solidity of inter-subjectivity is numbers: the views of the many are accurate descriptions while the views of the few are pathologies to be rejected or remedied. This is important, because a world-view gains enormous plausibility from the unremarked repetition of mundane acts that embody it. When the response to every misfortune is prayer, when every parting is solemnized by saying 'God be with you' (the original of our *Goodbye*), when good weather is greeted with 'The Lord be praised', then the idea that the world was created by God is simply taken for granted. In this way, consensus gives great power to beliefs. But it is worth pointing out that not all views are equally powerful or persuasive: individuals and social groups differ in their ability to 'define the situation'. As Peter Berger put it: he who has the biggest stick has the best chance of imposing his views. We might add that what counts as a stick varies from society to society.

If how we see things and how we act is not 'natural' in the sense of flowing from our biology, but is only a product of our culture, does it follow that the socially constructed worlds that we inhabit are fragile and easily altered? The previous paragraph gives one answer in the negative. The chances of a child in Sicily in 1800 growing up to be anything other than a Catholic were remote. But most societies are not content to leave the plausibility of their culture to the weight of consensus. To use the term popularized by Marx, they also *reify* (from the Latin *re*, a thing, meaning 'to make thing-like').

If Gehlen and Durkheim are right that culture does for humans what instinctual and environmental constraints do for other species, then we must often choose to remain blind to its human origins. If we openly acknowledged the socially created nature of our arrangements and are too familiar with the fact that other peoples do things differently, our institutions would lose conviction.

In practice we have a wide variety of devices for reification. To give an example from the purely personal level, an elderly female acquaintance of mine does not 'drink coffee'. Instead, at the same time every day, she has 'coffee time': a formulation that implies that she is adhering to a timetable not of her own devising. Her coffee breaks are presented as an obligation. 'Coffee time' requires not only coffee but a biscuit, because 'a drink is too wet without one'. As someone who has spent very little of her long life in paid employment, her schedules are very obviously her own choices, yet she sees her life as a series of obligations and even, just sometimes, derives pleasure from rebelling against them.

On a grander scale, we can observe that most societies seek extra legitimation for their institutions. Primitive hunters supposed that they hunted in this particular way because that was how the Pig Gods taught them to hunt. Medieval monarchs claimed divine support for kingship. The Victorian hymn writer who composed 'All Things Bright and Beautiful', with its lines 'The rich man in his castle, the poor man at his gate, God made them highly and lowly, and ordered their estate', had the specific intention of persuading the poor to accept their situation, and there is no doubt that the repeated singing of that popular hymn did something to discourage the lower orders from getting uppity. Just as societies differ in their sources of power, so they also vary in what can be claimed as additional legitimation for particular social arrangements. As in the three examples just given, religious societies ascribe authorship to God or gods. In nineteenth- and early twentieth-century Western Europe, when religious explanations became less persuasive, people started to claim scientific justifications for particular orders. So it was no longer God who had ordained the estates of the rich man and the poor man but their genetic material or, as economic conservatives such as Margaret Thatcher and Ronald Reagan would have had it, the mysterious but invincible rules of political economy. That societies differ in just who or what is thought to have created the social order concerns me less than this abstract point: the near universality of reification suggests that it serves a purpose greater than merely bolstering the powerful.

One reason reification is so common is that it contains a basic truth. None of us personally created the social institutions that shape our lives; we were born into them. The roles that structure our behaviour and encapsulate the expectations that others will have of us preceded our arrival and will endure (no doubt slightly modified) after we depart. Reality may be socially constructed, but, taken in its totality, it is not the work of any nameable individual and it certainly has little or nothing to do with any one of us. Language is a good example of the coercive nature of conventions. Of course it is devised by people, but its basic shape is presented to us. Though we may modify it (and one or two of us may actually author a significant change), our general sense is that we simply adopt what is already there.

To summarize, we can recognize that reality is socially constructed without supposing the reverse: that if we stop defining a situation as true then it will melt away. Social institutions can have enormous power, and simply 'de-constructing' them by showing their human origins (especially by showing that some groups benefit more than others from particular institutions) will not make them vanish.

Layers of construction: Men at work

Religious organizations have a habit of claiming that their structure is divinely ordained, but the human origins of government agencies, commercial corporations, factories, and other 'formal organizations' are readily admitted. Often we can name the people who created a particular organization or radically altered its structure. Yet even in this field sociology can be radical in 'exposing' discrepancies between what the formal structure is supposed to look like and how it actually works.

We can take the notion of social construction as an invitation to appreciate the difference between the original architect's drawings for a building and what was actually built.

An excellent example of this sort of study is Melville Dalton's 1959 *Men Who Manage*. To appreciate the importance of Dalton's work we should step back to Max Weber's writings on bureaucracy. Each member of the founding trinity of sociology had a big idea about how modern societies differed from their predecessors. For Marx, it was class. For Durkheim, it was the breakdown of shared norms. For Weber, it was the rise of rationality. I should here add a qualification that applies to all the contrasts given in this book. Though it simplifies our stories if we pretend it does, social development does not fall into neatly demarcated periods. There are very few clean breaks. Attitudes and habits common in one period give way to others only gradually, and many will survive in particular geographical regions and social groups. When sociologists talk about social change in terms of epochs, they are, like caricaturists, identifying and amplifying the most significant features of a society. If space permitted, everything said here would be accompanied by many qualifying details and exceptions. But it does not, so I will press on with the sweeping generalizations.

In a small group of people linked by social ties that endure over long periods of time and over many areas of business (which is what we imply with the term 'community'), interaction can be monitored and coordinated face to face. Someone who is a problem can be 'spoken to', shunned, and, if necessary, ostracized. Decisions can be arrived at by negotiation and consensus. As the small community is replaced by the large-scale society, both the numbers of people involved and the complexity of the matter in hand require a very different form of management. Twenty crofters who share common grazing can meet regularly to decide how many beasts each can graze on the common. The allocation of blocks of the North Sea for oil exploration and extraction requires formal organization.

One feature of modernization is the massive increase in rational bureaucracy. Bureaucracy is not an invention of industrial societies; as Weber notes, the ancient and medieval Chinese were rather good at it, and for most of twenty centuries the Christian Church has been bureaucratically organized. But Weber believes that modern societies differ from traditional ones in the extent to which life is dominated by rationality.

More will be said about this in Chapter 4; here I want to summarize Weber's account of modern organization. First, the modern bureaucracy distinguishes between the office and the individual who occupies it. When the Sheriff resigns, the power passes to the next holder of the office. The distinction between office and occupant also applies to rewards. The assets of an engineering company belong to the company and not to the official who happens to be managing director. As an incentive to take seriously the fate of the enterprise we may offer officials some shares in the company, but generally they are paid a salary that is independent of the company's assets. To see how things could be arranged differently, we could consider the medieval institution of tax farming. People bid for the position of tax collector by offering to raise for the king a certain amount in tax. They could then collect as much as they liked over and above what they had offered to deliver. This may have been efficient in delivering resources to the king but it encouraged tax collectors to bleed taxpayers. Our tax revenues are quite separate from the salaried income of the tax collector.

Secondly, the bureaucracy handles its affairs after the fashion of the division of labour in manufacturing. Complicated business such as fighting a war is broken down into component parts so that for every job there is one and only one responsible office. The armaments section organizes the production of weapons; the medical corps treats the wounded; the pay office arranges for soldiers to be paid; and so on. As well as ensuring that everything that needs to be done is done and is done only once, such a division of labour allows officials to become expert in their specialized business. It also means that new officials can be trained and tested in the specific skills needed for the job, and expertise can provide a sensible yardstick for determining promotion.

Within task sections, offices are arranged in a clear hierarchy with unambiguous chains of command. All officials know to whom they answer and who answers to them.

Finally the work of officials is shaped by rules that are applied universally. All cases (for they are 'cases' rather than people) are dealt with in the same way and are judged only on the matter in hand. Modern tax collectors do not charge their friends, relatives, and co-religionists less than they charge strangers; they apply the same rules to all taxpayers.

At first sight and at a distance, this model offers an entirely convincing account of a major difference between modern and traditional societies. The German Army in 1900, the Church of England after its nineteenth-century reforms, or the US Internal Revenue Service provide ample illustrations. However, Weber's depiction also reads like a public-relations exercise. Indeed many of the self-descriptions offered by government agencies and private companies in the first part of the twentieth century read as if they had been written by someone thoroughly familiar with Weber's account of rational bureaucracy.

Dalton's scepticism about the rationality of modern organizations stemmed from his own experiences in the early 1950s working as a junior manager in two manufacturing firms in a US city he calls Magnesia. While doing his day job, he observed the way in which he and his colleagues actually worked. He concluded that there was a considerable gulf between the formal structures and operating procedures and how the companies actually operated. The prevailing ideology of management in those days was that it was 'scientific', following essentially rational methods to the single best solution for a problem. Dalton shows management to be a self-interested political activity, involving negotiation, compromise, and the recognition that there is no single solution. Dalton penetrates the idealized model of human behaviour presented by business schools and corporations as the way managers behave and shows the reality: they do things because they work and then call on the rules of the organization to give a semblance of rationality to decisions that were made on highly pragmatic and practical grounds.

I will give just three of his many illustrations. One company had very tight controls over spare parts and materials, which could be signed out of the store only on the production of a docket that identified the job for which they were required. However, the production line managers believed that keeping stocks of spare parts and materials on hand prevented costly delays. To discourage such hoarding, the company required unannounced audits of stock by certain management personnel. But the people who checked on the production managers also needed to work with them. So, instead of making unannounced inspections, the checkers made sure that word got around when a stock inspection was going to take place and which routes they were going to follow around the factory. The production managers kept their illicit supplies on trolleys so that they could shift them rapidly out of the inspection route. Thus the checkers met the company's formal requirements while maintaining good relationships with the production staff and letting them get on with their jobs.

Dalton was also interested in appointments and promotions. He discovered that a disproportionate number of senior managers were members of the Masonic Lodge and also members of the Yacht Club. They had apparently been appointed because they were 'one of us'. They were able to manipulate the informal machinery of political bargaining and strategic exchange in order to get things done. They were also members of informal cliques that commanded respect. Although these characteristics were not part of the formal criteria for management selection, Dalton is able to show how, from the point of view of the management, they made practical sense.

A third example of the gulf between rhetoric and reality concerns the hierarchy of authority and the power of offices. The companies for which Dalton worked followed Weber's model of having a clear structure of who answered to whom and clear demarcation of remit. However, of managers who formally shared the same status, some were much more powerful and influential than others. Lower officials had a very clear sense that certain of their superiors were of little account and could have their jobs dealt with last, while others were 'coming men' who should be given undue respect. In part this reflected competence; not all holders of formally equal offices were equally good at their jobs. In part it was a reflection of commitment. One man was fairly close to retirement and wanted nothing more than a quiet life, whereas another was young and ambitious and took every opportunity to increase the power of his office. In the language of roles we could say that, as for Shakespeare's *Hamlet*, the parts were scripted but the actors retained considerable freedom in the way they acted out the role.

That the reality of a complex organization did not mirror its formal structure is no longer a surprise. I would not like to fix a starting date to the spread of cynicism and the popularity of the exposé, but cultural products such as Siegfried Sassoon's diaries of life in the trenches in the First World War or Spike Milligan's tales of life in the British army in the Second have been available for most of the twentieth century. We are now well used to the point Dalton makes, but that it is now a truism does not stop it being true and important. Apparently well-defined formal organizations are constantly shaped and reshaped by the activities of those who inhabit them. This is not to say that they are chaotic and disorganized. It just means that the original theorists of formal organizations mislocated the *site* of formality. Dalton's companies functioned well because they were defined by reasonably clear goals (though these were sometimes in conflict) that were well understood by the managers and workers. They created and maintained their own practical understandings of how to go about the business and they also learnt how, if called upon to account for themselves, to present their actions *as if* they followed logically from the formal structures and operating procedures.

Layers of construction: Rule-breakers

That reality is repeatedly reconstructed in layers can be illustrated with the example of law and law-breakers. There is no doubt that law is a human product. Books of political science and jurisprudence can name the people who make it. In the United Kingdom, Parliament makes the law. In the United States, Congress and the Senate make federal law while the legislatures of the states make state law. In addition we can note that, although judges and justices are supposed only to interpret and apply, their applications can themselves create new law. In some cultures – Iran under the Mullahs, for example – supernatural legitimation is sought for the law by claiming that it is divinely ordained but even here we can identify the Mullahs whose interpretation of the Koran has shaped the *Shari'a* or religious law.

We can take the existence of the law as our starting point and suppose that we can readily read off what will count as law-breaking. We identify a particular act – man forces his sexual attention on reluctant woman – and, by holding it up to the template of the law, see if it is criminal or not. Unfortunately, it is not so simple. In the first place many laws are in themselves ambiguous. Even very detailed laws cannot specify how they are to be applied in every conceivable case. Secondly, many acts are potentially governed by many laws and the fit between them is not always neat. Laws accumulate. Framers may do their best to harmonize new and existing legislation, but there will inevitably be clashes, so that, even when the act in question is not contested, what body of law should be used to judge it may well be.

Furthermore, laws are rarely applied consistently. Take the relatively simple matter of driving faster than the speed limit. On British trunk roads, the speed limit is 60 miles an hour. However, traffic police very rarely stop people for doing 65 because measuring equipment and car speedometers are not accurate enough to be sure of intent to disregard the limit. But even this new 'real' limit is not applied evenly. My local police force has more calls on its time than it can meet and speeding on country roads is low priority. When there is nothing much else on, a traffic team will park behind a row of beech trees on a straight section where motorists habitually exceed the limit and they nab a few motorists. They will then go back to more pressing matters. Thus the chances of being caught speeding depend on the press of other calls on police time. Furthermore, how the police respond to a speeding driver will depend not only on the 'facts' of the matter (such as speed and road conditions), but also on such intangibles as the attitude and demeanour of the driver. If the motorist appears to be the sort of person who does not habitually disregard speed limits, then a stern word is the most likely sanction. If the driver is aggressive and 'seems like a speeder', then a booking and fine are more likely. In deciding how to respond, the police ask not only 'Has an offence been committed?' but also 'Is this person likely to offend again?'.

So we begin with the simple formula that crime is that which breaks the law and quickly discover that the matter is considerably more complicated. Indeed there seem to be so many filtering layers of decision-making and interpretation that we would be more accurate to say (*a*) that *crime is that which the appropriate officials have decided breaks the law* and (*b*) that the grounds for such decisions include many considerations that are 'extra-legal' or (as in the example of the police guessing about the future behaviour of the putative criminal) have at best a complex social relationship to matters of law. This would already be a significant elaboration on our starting point, but, of course, the police are not the only people who have a part in identifying criminals. The prosecuting authority has to decide whether to prosecute or not, and, if so, for what offence. Judges and juries have to try the case and arrive at a verdict.

The criminal justice system is a complex process of repeated social constructions, with each element driven by its own interests and with each element influenced by decision-making at other stages. The police handling of domestic violence offers a good example of such feedback. In the 1960s it was common for the police to ignore 'domestics'.They justified this by noting that the victims of domestic violence often refused to give evidence in court and that courts often failed to convict or, if they did convict, handed down slight punishments. For police forces with more than enough business to consume their resources, 'domestics' did not seem worth the trouble. However, this began to change in the 1970s when organized women's groups managed to draw media attention to violence in the home. This, in turn, influenced judges, who became less tolerant of it. New arrangements were devised to reduce the stress on complainants (at the investigation and prosecution stages), which in turn led to more complaints being made, to witnesses being more willing to give evidence, and to the police calculation of 'reward for effort' changing in favour of more robust action. So we gradually see the social constructions of domestic violence changing.

The idea that there is a large body of family crimes of violence, of which a shifting proportion gets reported, recorded, processed, and tried, still assumes that the raw material of the justice process is a world of actions that unambiguously divide into crimes and non-crimes. However, a more radical view is possible. If it is the case that the 'actual' status of the original act has less bearing on the final outcome than the various considerations that intervene at the filtering stages, then is it not more accurate to say that the acts of social definition or *labelling* are actually the source of criminality? A moral philosopher or a policeman may want to say that 'crime-ness' is a property of the original acts and that some crimes are discovered while others go undetected. If we are interested in the consequences of actions in the real world, it might be better to see 'crime-ness' as a property of the labels that official definers attach to certain acts.

The 'labelling' perspective on crime and deviance, which became popular in the late 1960s and obviously owed much of its appeal to its apparently radical attitude to social order, is most convincing when applied to ambiguous and borderline cases. A rugby club dinner results in considerable damage to a hotel; is this high jinks or serious hooliganism? An elderly lady believes that aliens have taken over her TV set; is this eccentricity or mental illness? A small shopkeeper massages his tax returns; is this fraud or entrepreneurial imagination? The body of a fisherman is found tangled in his rigging; is this suicide or accidental death? Given that there is obviously a lot of room for arriving at quite different interpretations of these acts or events, the labelling approach seems justified. It has the great advantage of drawing our attention to the fact that the final labels will owe as much to creative interpretation as to discovery. And it allows us to see the wide variety of interests that are involved in such interpretations. We can hazard the following guesses. Criminal damage done by the upper-class rugby club will be defined as 'high spirits', whereas the same acts committed by working-class football fans will be regarded as vandalism. If the elderly lady is financially self-sufficient and is not an essential figure in a family unit, then her oddities are more likely to be tolerated than to become the focus for treatment. The businessman who cheats to preserve 'his own money' from the taxman will be less severely punished than a social-security fraud who steals 'other people's money', even if each is similarly damaging the common good. If the deceased fisherman has relatives and belongs to a conservative religious tradition, his ambiguous death is more likely to be judged an accident than if he is single and secular. In all these examples we can see that whether a particular act is judged to be a crime or to be deviant is not explained by any quality of the act itself but by other considerations that enter into the process of labelling or definition.

However, important though this is in giving us a more realistic account of crime and deviance, the labelling approach exaggerates by neglecting two important points about social definitions. The first is that some social rules are actually quite simple. In any particular society or subculture there may be such consensus that we can often leave aside the process of social definition identified as central in the labelling approach. While some brutal physical contacts can be explained away ('she fell down the stairs') and others justified ('I though he had a knife and was going to stab me'), there remains a huge range of cases that very few of us would have difficulty *correctly* labelling as 'assault with a deadly weapon', 'grievous bodily harm', 'murder', and the like. While a wide range of strange behaviour can be tolerated as eccentricity, a similarly wide range would with little hesitation be taken as symptoms of madness requiring therapy. That is, although we know that something is a crime or is deviant only because it is defined as such by society (the labelling point), such definitions may become so well established that they are fairly evenly applied by most people.

The second weakness of labelling is that it rather overlooks conscience. This allows me to introduce formally the idea of *internalization*. Taken at its most robust, the labelling approach means that the crime that goes undefined is not a crime. Yet ten years after he had killed his wife and buried her under the patio, a man walked into a police station, asked to talk to a detective, and confessed. He did so because he had been tormented by guilt. He did not need any external authority to label his act a crime; his own conscience had already done that. Although his socialization into the norms of his culture had not been so complete as to prevent him killing, he had sufficiently internalized those rules that the voice of society within him had prevented him from being at ease with what he had done.

Talking of conscience allows me to restate a point implicit in the first section of this chapter: humans become social when the external contours of their culture are replicated inside their minds and their personalities. To return to the theatrical metaphor used earlier, in a stable successful society the actors do not just read through their parts. They are 'method actors' who have been so thoroughly steeped in their parts that they do not act them, they live them. The external aids of scripts and stage directions are no longer necessary. The actors have taken on the characters.

A large part of sociology is concerned with trying to understand how that happens. One of the key principles of sociology is that how people see themselves is greatly affected by how others see them. I have already identified one large-scale version of this phenomenon when I talked about society as a system of interlocking roles. To be a father requires that there be sons and daughters. To be a teacher requires that there be students and pupils. To be a good father requires that sons and daughters think of you as a good father and that others (spouse, grandparents of your offspring, friends, and neighbours) share this view.

This can be put in personal dynamic terms when we appreciate the part that the responses of others play in *learning* a role. A man tentatively acts in ways he thinks appropriate to a good father. He then reflexively monitors the responses of his children and of others close to him who observe those performances and modifies his actions in the light of how he thinks others see him. If he senses approval, he can take pride and pleasure in what he has done. When he sees hostility, lack of understanding, fear, and loathing, he may feel ashamed. The great American social psychologist Charles Horton Cooley coined the phrase 'the looking-glass self' to describe this process of acquiring an identity by responding to what we see of ourselves in the eyes of others. Sometimes such monitoring is formal and overt: the man and his wife may argue about the principles of good parenting. More often the monitoring is so low key as to be almost unconscious.

An important consequence for identity of social interaction is that attempts to identify who or what someone is can become *self-fulfilling*. If a young girl repeatedly fails to tidy her room, be ready on time, and collect the appropriate equipment for even simple tasks, her father may repeatedly depict her as an 'airhead': cute but incompetent. If this sort of designation and its implied explanation is repeated sufficiently often, by both parents and other close relatives and friends, the girl may well come to internalize that image of herself. She learns to think of herself as incompetent and comes more and more to act the part. What was intended as a valid act of describing an existing character actually creates what it thought it had observed.

A number of important qualifications need to be added to this account. First, the person being labelled is not passive. Identity is *negotiated*. The girl may find ways of responding to her father's view of her other than simply conforming to it. Her father, in turn, may find new ways of understanding her behaviour that, for example, turn 'airhead' into 'spiritually aware child'. Furthermore, not all of those who interact with the girl will be equally influential. George Herbert Mead talked of 'significant others'. For the child, parents (or their surrogates) will be the most significant others, but older friends and other relatives can also be influential. In later life people who occupy formal positions become significant and we may even be influenced by the supposed views of abstract 'reference groups'. In writing this book, I am aware of the likely responses of the community of sociologists.

A large body of research in the sociology of education very effectively uses the self-fulfilling prophecy to explain how schools inadvertently reproduce social class. We know from repeated surveys that children of working-class parents have a much higher chance of themselves ending up in manual work than the children of middle-class parents. We also know that this remains the case even when we compare children with the same IQ levels. Yet we also know that few teachers consciously discriminate against lower-class children or deliberately give them undeservedly poor marks. So how is class reproduced? The answer is, of course, complex. Housing patterns tend to reflect social class, so that neighbourhood schools in turn vary in class composition. Schools in middle-class areas tend to attract better teachers and gain reputations for good discipline and good exam results, which in turn attracts more middle-class parents and ambitious and self-confident working-class parents. Middle-class schools also tend to be better funded. But, even recognizing those large background considerations, it remains the case that, within any school, the performance of the children tends to be heavily influenced by class.

The explanation lies in a vicious circle. Working-class children begin with low expectations. They generally aspire only to the sorts of jobs done by their parents and close relatives. These same role models inhabit a 'rough' culture that leads their children to be louder and rougher than middle-class children. They tend to be more disruptive and difficult even when they have no particular intention of being so. They work less well and (and this is the crucial point), even when they work as well as other children, their virtues tend to be overlooked because teachers quickly form an estimation of how well certain children will do, and those expectations are based on subtle cues that have strong class components. In many often unconscious ways, those expectations are fed back to the children, so that they have a sense of 'failing' even before they come to formal tests of achievement. The expectations are further reinforced in those school systems where children are 'streamed' by ability.

Once children start patently to fail, they have a choice. Either they can continue to conform to the official value system of the school and see themselves as 'failures', or they can seek other sources of self-esteem. The latter is an option because older children who have already experienced failure have created an oppositional subculture of kids who pride themselves on acts of rebellion and who enjoy 'taking the piss out of the teacher'. I can recall one boy at my school (in the days when corporal punishment was commonplace) who fell foul of the staff early on in his school career and who thereafter prided himself on being so hard that no one could break him. In his confrontations with staff he deliberately upped the ante in order to prove that no one could belt him often enough or hard enough to make him cry. Not surprisingly, staff quickly came to view him as a problem to be managed and he left school at the earliest opportunity with no formal qualifications.

What we have here is a situational theory of learning. It supposes that those who feel devalued because they are judged to be failing in one particular system of values may be drawn to a counter-culture, one which reverses the dominant values. In order to feel good about themselves, the bad boys create their own subculture in which 'bad' is really good.

The above draws on the social psychology of Mead and Cooley to argue that consistently treating people as if they were a certain sort of person may make them just that. However, we can tell a slightly different version of the same sort of story in which the actor's acceptance of the judgements of others is less important. Let us suppose a middle-management accountant is wrongly accused of fraud. Despite protesting his innocence, he is convicted and imprisoned. He loses his job. His wife leaves him and takes the children. He loses his house and his financial security. On release from prison he finds that he can no longer work as a straight accountant. He is ostracized by former friends and associates, expelled from the golf club, and shunned by his local church. The exclusion from straight society is in pointed contrast to the acceptance he finds from criminals. In jail he mixed with people who did not despise him because of his supposed crimes. Though he continues to deny his guilt he finds that there is a society of people who admire him for what he is supposed to have done.

In those circumstances our accountant may well find himself open to offers from criminals. Instead of dissuading him from further crime, the fact of having been labelled a criminal may be sufficient to make him what, if we believe his protestations of innocence, he was not. In summary, certain kinds of labelling can have very similar consequences whether or not the original label was earned because those who do the defining have the power to impose their definitions.

The labelling approach is not just an abstract posture; it underpins our juvenile justice system. Although societies differ in what age they use as the cut-off, most modern states attempt to handle the crimes of young people in such a way as to minimize the chances of them being pushed out of conventional roles and into criminal careers. So our courts attempt to protect the identities of young offenders and, if they must be incarcerated, segregate them from adult prisoners who could provide role models.

I would now like to return to the general theme of this section. What the above discussions of crime and deviance, and of educational failure, show is that the creative element in social action is not confined to the birth of some institution. It is quite possible for orthodox Christians to be physicists. They can acknowledge that God made the earth but set that aside as they continue to study the regularities of the behaviour of matter. They simply suppose that, having made the laws of physics, God takes no further hand in their day-to-day operation. The relationship between people and the social reality they construct is quite different. We cannot acknowledge that our culture is a social product and then suppose that we can study social life without repeated reference to the creative interpretation that such a proposition implies. Instead we have to appreciate that social order is constantly fluid, ever in flux. While there is much value in understanding societies as collections of interlinked roles, guided by bodies of rules, we must always remember that the performance of some roles offers considerable scope for improvisation and the process of interpretation never stops.

Chapter 3
Causes and Consequences

Hidden causes

In the previous chapter I made the obvious point that, while reality is socially constructed, it none the less has an enduring and oppressive quality because the part that any one of us plays in that construction is trivial. Even our conscious rebellions against order, our 'escape attempts', tend to follow preordained lines. One of the ways that sociology differs from common sense is in challenging our fond image of ourselves as authors of our own thoughts and actions. It is not that we often think of ourselves as masters of our own destiny. Captains of industry, religious visionaries, and political leaders may see themselves as free spirits, but most of us have a pretty good idea of where we are on the totem pole. None the less, our very sense of identity presupposes that there is an 'I' independent of the ebb and flow of social forces. I may not be able to prevent my standard of living being affected by changes in the interest rate, but I can decide what food I eat, which political party I will support, which church (if any) I will attend, and how I will decorate my dwelling.

Yet, if there is to be any explanation of human behaviour, there must be regular patterns to life, and those regularities will at least partly be caused by forces outside our control and our cognition. The paradox between freedom and constraint was neatly expressed by Karl Marx when he said that we make our own fate but not in the circumstances of our own choosing. The 'making our fate' bit is easy to see, as are the more immediate constraints. I decide where to drive on a Sunday afternoon and I am aware that the way I drive is shaped by traffic regulations. But much of who we are and what we do has social causes that are obscure to us. By searching for regular patterns and by systematic comparisons between worlds, the sociologist can illuminate those causes.

A good example of research that finds social causes of what we take to be highly personal behaviour is the link between love and social identity. In many societies marriages are arranged by parents who select partners for their children with an eye to the value of alliances between families. With some exceptions (the residual aristocracy, for example) people in industrial societies pride themselves on being free from such extraneous considerations and suppose they select purely on the nebulous but strongly felt emotional grounds of love. Those who continue to use the older form can serve as jokes. *Blind Date* is a popular television show in which an eligible young man or woman selects a date from three contestants of the other gender who can be seen by the audience but not by the person choosing. The only information the selector gets is a few jokey answers to jokey questions. The resulting date is filmed and the pair are invited back to a subsequent show to talk about each other. In Britain in 1997 a number of Jewish businessmen floated the idea of founding a Jewish television channel. When asked about programme content, one of them joked that the channel might feature a version of *Blind Date* in which the contestant's mother gets to pick the date.

To the modern Western mind, it would seem a betrayal of true emotion to chose a spouse on the criteria of wealth, education, or occupational background. Yet when one dispassionately compares such demographic and socio-economic characteristics of spouses one finds that the choices apparently made on the grounds of love and affection none the less show very clear social patterns. While rarely conscious of compromising love with extra-emotional considerations, most people marry others of the same religion, race, class, and educational background. Our social groups effectively socialize us to see particular dress and hair styles, modes of demeanour and address, accents and vocabularies as being more attractive than others. Although the choice seems personal, what draws us to a certain person (or repulses us about another) is much the same as what a diligent matchmaker would bear in mind when choosing a mate for us.

The same point can be made about many of our beliefs and attitudes. We may believe that we hold our views because we have dispassionately examined the evidence and come to the correct appreciation, but social surveys show repeatedly that much of what we believe can be predicted from such social characteristics as gender, race, class, and education. One might have thought that being religious was a highly personal matter, but in every industrial society (and in many others) women are clearly more devout and pious than men, however one measures those properties.

Of course, not everyone always wishes to claim ownership of his or her actions. No modern discussion of the extent to which we are shaped by social forces would be complete without some mention of the cult of the victim. In any society there will be times when people wish to deny responsibility for their actions. Religious people blame divine displeasure or satanic influence. In secular cultures, society itself can be blamed for those of our actions that we would disavow. As Terry put it in the *Minder* joke mentioned in the Preface, his friend is still thieving but now that he has a degree in sociology he knows why he does it. If Durkheim is right that the suicide rate for a society is determined by the twin social properties of 'regulation' and 'integration', then the responsibility of any individual for his or her suicide must be limited. Even more so in Marx's model of social evolution through class conflict. If we are what we are because of our relationship to the means of production (our 'class') and if we are borne along by the dynamics of class conflict, then we can hardly be held accountable for our fate. The interactionist sociology of Mead and Cooley, seen in its most radical form in the labelling theory of crime, similarly frees us from our own actions. If we become what others accuse us of being, then it is their fault.

Such popularized versions of sociological explanations are the lifeblood of those television talk shows in which sad people blame everyone else but themselves for their petty tragedies. If you are incapable of maintaining satisfactory personal relationships, well, that is because your father abused you as a child. Even if you do not recall being abused, the novel theory of 'rediscovered memories' allows you to claim that he actually did, although you did not know it until an abuse therapist helped you to introspect in middle age. Drug addicts, alcoholics, bulimics, anorexics, and sex addicts line up to claim social causes of their problems. There is perhaps no surprise in this. I will say more later about the relationship between the individual and the social roles he or she plays, but the fact that we can see the two things as separate allows us to be self-interestedly selective about what we wish to claim as the real 'me' and what we dismiss as the product of social conditioning.

Professional sociology differs from its lay counterpart here in a number of ways. First, it aims to be even-handed and disinterested. Ordinary people usually wish to blame society for their troubles but claim their successes for themselves. Sociologists are as interested in the social causes of health, wealth, and happiness as they are in illness, poverty, and depression. Secondly, it aims to be led by the evidence. Thirdly, it is concerned with the general and the typical rather than with the individual. Of course, the only way we can study the experiences of the typical unskilled industrial worker, for example, is by collecting information about hundreds of individual industrial workers, but it is the elements of their experiences that are common which concern us, not those parts that are unique. The amateur sociologist draws on supposedly general explanations to understand his or her life; the professional studies the individual lives in order to generalize.

Unintended consequences

One of the strands of the sociological bracelet is the ironic principle of unanticipated outcomes. As the Scottish poet Robert Burns succinctly put it: 'the best laid plans of mice and men gang aft aglay.' We set out to do one thing. Because we are unaware of all the social forces that shape us and because we cannot anticipate how our actions will be received by others, we end up achieving something very different. I will illustrate the point with two examples that concern the links between ideas and the organizations that people create to promote those ideas.

Robert Michels, a student of Weber who was active in left-wing politics in Germany in the first decade of the twentieth century, was struck by a common pattern of evolution in left-wing trade unions and political parties. They began as revolutionary or radical attempts to reconstruct the world but became increasingly conservative and at peace with the world. They began as primitive democracies but became less and less democratic. In what at first sight looks like a very different arena, the world of conservative Protestant sects, H. Richard Niebuhr identified a similar pattern. The Methodist movement in the late eighteenth century was radical. It broke away from the Church of England because it wished to return to a more pristine Christianity. Initially it preached the need to restructure the world but gradually became socially conservative. Initially it stressed the priesthood of all believers but gradually acquired a professional clergy.

That we see the same pattern being repeated suggests that it is not accidental and hence can be explained by reference to some general social processes. That the consequences were so different from those desired by any of the people involved suggests that we cannot explain what happened simply be saying that these people wished that outcome.

The explanation Michels proposed went as follows. Any kind of group activity requires organization. But as soon as one starts to organize one creates a division within the movement between the organized and the organizers, between ordinary members and officials. The latter quickly acquire knowledge and expertise that set them apart and give them power over ordinary members. The officials begin to derive personal satisfaction from their place in the organization and seek ways of consolidating it. They acquire an interest in the continued prosperity of the organization. For ordinary trade unionists, their union is just one interest in which they have a small stake. But for the paid officials the union is their employer. Preserving the organization becomes more important than helping it achieve its goals. As radical action may bring government repression, the apparatchiks moderate.

At the same time as material interests dispose them to compromise their once radical credentials, the officials are drawn into new perspectives by a new 'reference group'. They come to appreciate that they share more in common with the officials of other political parties than with their own rank and file. Like servants discussing their masters, Labour and Conservative party activists can swap stories about the idiocies of the people they represent and they can exchange 'recipes' for organizational efficiency.

Niebuhr's account of the decline of radicalism among Protestant sects is similar. The first generation of members deliberately and voluntarily accepted the demands of the sect. They made sacrifices for their beliefs. The people who broke away from the State churches in England and Scotland in the eighteenth and early nineteenth centuries sometimes suffered political, social, and financial penalties. The State could confiscate their property, exclude them from holding political office or military rank, and remove their children to have them raised as good

Anglicans. In so far as they made sacrifices for their beliefs, the founding generation of sectarians invested more than just their hopes in the new faith, and their commitment, thus tested, was all the greater. But subsequent generations, the children and grandchildren of the sect founders, did not join voluntarily. They were born into it, and, however much effort was put into socializing them into the sect's ideology, it was inevitable that their commitment would be less than that of their parents.

This was even more so the case if the sectarians, by working diligently to glorify God and avoiding expensive and wasteful luxuries, had achieved a status and standard of living considerably more comfortable than that of their own parents. The children of most first-generation Methodists were moving up in the world and hence had more to lose by remaining so much at odds with it. They mixed with others of more elevated status than their parents. They were a little embarrassed at the roughness and lack of sophistication of their place of worship, their uneducated minister, their rough folk hymns and liturgies. They began to press for small adaptations towards a more respectable format, more comparable to that of the established church.

There is a further point that mirrors exactly what Michels noted about political parties. Although most sects began as primitive democracies, with the equality of all believers and little or no formal organization, gradually a professional leadership cadre emerged. Especially after the founding charismatic leader had died, there was a need to educate and train the preachers and teachers who would sustain the movement. There was a need to coordinate the growing organization. There were assets to be safeguarded and books to be published and distributed. With organization came paid officials and such people had a vested interest in reducing the degree of conflict between the sect and the surrounding society. The clergy of other religious organizations came to displace the sect's lay members as the crucial reference group. The sect clergy came to feel they deserved the status and levels of education, training, and reward enjoyed by their professional peers.

Niebuhr saw the sect as a short-lived form of religious organization, gradually becoming more tolerant, lax, and more upwardly mobile, and eventually becoming a denomination. This pattern can readily be found. It often takes more than one generation, but the development of the Methodists in the fifty years after Wesley's death fits the picture, as do the changes among the Quakers in the late eighteenth and nineteenth centuries. The austere commitment of early followers, with their distinctive mode of plain dress (with wide-brimmed hats for the men, who conspicuously refused to doff them for the King) and distinctive forms of speech, gave way to more conventional styles. The early Quakers would not have read a novel or attended the theatre, but the 'Gay Quakers' (as they were known), usually the offspring of wealthy merchants, manufacturers, and bankers, became more and more like the Church of England neighbours with whom they mixed as social equals. By the middle of the nineteenth century one finds them crossing over into first the evangelical wing and then the mainstream of the Church of England.

The Niebuhr pattern captures an important truth but it needs certain qualifications. Niebuhr tends to concentrate on the pressures for change within the sect and rather underestimates the influence of changes in the external world of the sect. For example, in the periods under discussion the economy was growing rapidly and standards of living generally were rising. The temptations to compromise would be considerably fewer and weaker in a static or declining economy. Secondly, the rise of a professional clergy and a bureaucratic structure is often described as though it followed from moral weakness on the part of the sectarians when it is in large part thrust upon any group in the modern world by the expectations of the rest of the society. Professionalism and bureaucracy are just the means by which modern societies organize things, and many sectarians find themselves obliged by the need to negotiate various forms of recognition from the State (the right to be conscientious objectors, or to avoid property taxes, for example) to become more organized.

Further, Niebuhr exaggerates the extent to which Protestant sects are much of a muchness. As Bryan Wilson has argued in detail, doctrinal differences between sects make them variously susceptible to the sort of accommodation Niebuhr describes. We need not pursue the differences further than noting that sects can organize themselves and their relations with their surrounding society so as to remain sectarian for many generations. The drift towards the denominational compromise is a common career but it is not inevitable.

These examples neatly illustrate the reverse consequence of the human capacity for reflexive thought. People can call on sociological explanations to provide justifications for their behaviour, and to console themselves if they cannot or will not change. But people can learn from their past mistakes and they can learn from sociological accounts of their actions. Although Michels' conclusions are commonly titled 'the iron law of oligarchy' and Niebuhr's thesis is often treated as if it had similarly identified a basic law of social evolution, these are not laws in the natural-science sense. It may be rare but it is possible for anarchists to avoid the pull towards compromise and respectability. Radical political movements can remain true to their initial ethos, even when it results in their destruction. Sects can resist the pull to denominational respectability. The Seventh Day Adventists have blunted the threat from the increased prosperity of their members by ensuring that much of that prosperity and the subsequent improvements in living standards are channelled through the organization and thus tie in members more completely. Communitarian sects such as the Amish and the Hutterites have also found ways of avoiding the more obvious pitfalls. In the first place, they created prohibitions on the use of modern farming machinery and thus kept down their productivity. When, despite this, they became wealthy, they used the profits to buy new land and split their communities. This had the additional benefit of keeping communities to a size that allowed face-to-face communication and intimate personal contacts between all members. This in turn restrained the growth of formal structures of leadership and thus prevented Michels' oligarchy.

The point is that bromides always do what bromides do. People possess reflexive conscious and can think about what they do. This does not mean they can always master themselves or their circumstances, but it does mean that they can learn from their mistakes and from others. And they can learn from sociology. People who wish to start a commune can now read and learn from Kanter's studies. A class in my course on the sociology of religion was once stunned by a student who announced that she was taking the course because she planned to start her own religion and wanted some tips!

Chapter 4
The Modern World

The observer and the observed

Sociology has an unusual relationship with its subject matter. Although we can view it as a disinterested intellectual discipline that stands aside from the world it observes, sociology is itself a symptom of the very things it describes.

In his work on Puritans in science, Robert Merton argued that the religion of the Jews and then Christianity were rationalizing forces. By having just one God instead of a pantheon of deities (who often operated erratically and at cross purposes), and by confining God to creating and ending the world but not interfering much in between, Christianity permitted a scientific attitude to the material world because it assumed the world to be orderly. Furthermore, the material world was not itself sacred in any sense that inhibited its systematic study. Once the Reformation had rejected the authority of the Roman Church, scientists were free to pursue their scholarship unhindered by religious imperatives. According to Merton, what made modern science possible was not technical advances in instrumentation so much as a new way of looking at the world.

A similar case can be made for why sociology appears when it does. The fourteenth-century Arab philosopher Ibn Khaldun or the ancient Greeks Plato and Aristotle made sociological observations in the course of their philosophical and historical writings, but it is not until Adam Smith, David Hume, and Adam Ferguson at the end of the eighteenth century that we find, in what was collectively called the 'Scottish Enlightenment', a body of academic work that would be recognizable to modern sociologists, and it is not until the twentieth century that the discipline flourishes. This is not an accident. In a traditional society with a coherent and all-embracing culture, few but powerful social institutions, and an all-pervasive religion that adds divine authority to those social institutions, it is not easy to see the world as socially constructed. Though some people might know that things could be different and might even have travelled to foreign parts, the solidity of their own taken-for-granted social world would crush any relativizing impact of such knowledge. The weakening of traditions, the decline of religious legitimations for the social order, and increasing social diversity are all necessary preconditions for sociology.

Modernity

This seems a good point to spell out in a little more detail the distinctive features of modern times. By 'modernization' I mean the social consequences of an increase in the ratio of inanimate to animate power. Unless Von Daniken is right about the spacemen, the ancient Egyptian pyramids were built by men and beasts with only levers and inclined planes to lighten the burden. We build with machines driven by fossil fuels, which massively increases our productive capacity. This account of what follows from that can be no more than a cartoon sketch, but it will summarize what sociology sees as distinctive about the social formations that concern it (in contrast to the traditional societies that are studied by anthropologists).

Manufacturing work has become ever more finely divided. Tasks, and the people who perform them, have become so specialized that we are now hopelessly reliant on each other. The typical peasant of the Middle Ages owned nothing he could not make himself and the possessions of even the rich were produced by only a small number of tradesmen. Now even the poor of Japan or Germany will own goods made on the other side of the world and eat food shipped from another continent. Production has ceased to be a personal activity involving the family and the community. Exchange is conducted through the impersonal medium of cash (rather than barter) and is mediated by markets. Although people in industrial societies are far less self-reliant than their agricultural forebears, their helplessness does not strengthen personal bonds. It just increases the need for formal means of coordination. Instead of finding what we need through informal conversations on the village green, we use *Yellow Pages*.

The ever-finer division of labour in production is mirrored in the non-economic sphere as social institutions become increasingly specialized. Industrial societies are far more 'differentiated' than agrarian ones. A good example is the decline in scope of religious institutions. In the Middle Ages, the Christian Church provided not only access to supernatural power but also civil administration, education, poor relief, and social discipline. Now civil administration is the province of secular government departments, education is provided by nurseries, schools, and universities, welfare is provided by social-work agencies, and social control is managed by police forces, courts, and prisons.

Changes in the family provide further examples of increased specialization. In agrarian societies, the family was often a unit of production as well as the social institution through which we managed the biological and social reproduction of our society. In industrial economies, most economic activity is conducted in distinct settings; we leave home to go to work.

The rise of industrialization brought with it complex changes in the nature and social consequences of inequality. In theory people became more alike and in many ways the world became much fairer. At the same time the social distance between different sorts of people increased. Agrarian societies had considerable disparities of status, but most people lived similar lives and they lived cheek by jowl. In medieval tower houses and castles, the gentry and their servants often slept in the same room, separated only by curtains. The lord might have clean straw but lords and servants slept on straw. They ate at the same table, with the salt dish marking off the gentry from the riff-raff. Because the social structure was openly hierarchical, superiors did not feel threatened by the close proximity of their minions and could comfortably inhabit the same physical and mental space.

Industrialization destroyed the great pyramid of feudal social order. Innovation and economic expansion brought with them occupational mobility. People no longer did the job they had always done because their family had always done that job. Occupational change and social advancement made it hard for people to think of themselves as permanently inferior and as having a fixed 'station' in life. Furthermore, economic growth brought increased *physical* mobility and greater contact with strangers. Profound inequalities of status are only tolerable and harmonious if, as in the Hindu caste system, the ranking is widely known and accepted. Soldiers can move from one regiment to another and still know their place because there is a uniform (in both senses) ranking system. In a complex and mobile society, it is not easy to know whether we are superior or subordinate to this new person. Once people have trouble knowing who should salute first, they stop saluting. Basic equality becomes the norm.

The dynamic is reinforced by the separation of home and work. One cannot be a serf from sunrise to sunset and a free individual for the evening and at weekends. A real serf has to be full-time. A lead miner in Rosedale, Yorkshire, in 1800 might have been sorely oppressed at work, but in the late evening and on Sunday he could change his clothes and his persona to become a Methodist lay preacher. As such he was a man of high prestige and standing. The possibility of such alternation marks a crucial change. Once occupation became freed from an entire all-embracing hierarchy and became task specific, it was possible for people to occupy different positions in different hierarchies. That made it possible to distinguish between the role and the person who played it. Roles could still be ranked and accorded very different degrees of respect, power, or status, but it became possible to treat the people behind the roles as all being in some abstract sense equal. To put it the other way round, so long as people were seen in terms of just one identity in one hierarchy, then egalitarianism was difficult because treating alike a peasant and his feudal superior threatened to turn the entire world upside down. But once an occupational position could be judged apart from the person who occupied it, it became possible to maintain a necessary order in the factory, for example, while operating a different system of judgements outside the work context. The Ironmaster could rule his workforce but sit alongside his foreman as an elder in the local church. Of course, power and status are often transferable. Being a force in one sphere increases the chances of influence in another. The Ironmaster could expect to dominate the congregation, but he would only if his wealth was matched by manifest piety. If it was not, his fellow churchgoers could respond to any attempt on his part to impose his will by defecting to a neighbouring congregation.

In a nutshell, the fragmentation of the simple traditional society allowed the rise of autonomous individuals who were seen as being, at least in the abstract, much of a muchness.

The structural causes of egalitarianism reinforced, and were reinforced by, ideological pressures in the same direction. It is not coincidence that the first modern industrial societies were predominantly Protestant in religion. The sixteenth-century Reformation contained within it the seeds of the 'Liberty, Equality, Fraternity' that was preached by the French Revolution more than 200 years later. Martin Luther and John Calvin were not liberals in the modern sense. They held that all people were alike, but only in their sinfulness and before God. None the less, equality in the eyes of God laid the foundations for equality in the eyes of man and before the law. So long as society, polity, and economy were seen as a single unified and coherent universe, the inherent egalitarianism of the Reformation was compromised by the insistence of the powerful on maintaining the hierarchy, but, once that single universe had been broken into distinct sectors, the democratic potential could be realized.

The rise of democracy was hastened by one consequence of the Reformation that was coincidentally also a necessary condition for a modern economy and a modern nation state: the spread of literacy. A religion that says that salvation is acquired by obeying the priest class and following its rituals does not need its people to be docile and passive, but it does nothing to encourage the alternative. A religion that says that everyone must study the Word of God and take personal responsibility for obeying God's commands not only encourages personal autonomy but also needs to provide people with the ability to read the Word. So the first thing the Reformers did was to translate the Bible from Latin, the international language of the educated, into the many languages of the common people. The second thing they did was to teach people to read. The revolutionary potential of that was well understood. As late as the start of the nineteenth century Hannah More, an evangelical Christian who created a string of schools in the Mendips, tried to teach her pupils only to read, not to write. Writing was dangerously liberating, but reading, especially the series of socially conservative and morally uplifting tracts she produced, was safe. She failed in her mission. Her pupils took their new skills and turned them to their own needs.

The point about egalitarianism is often misunderstood. I am not suggesting that modernization swept away all differences of wealth and power. I am saying, with Karl Marx, that the class structure of industrial capitalism was simpler and more fluid than the hierarchies it superseded because it replaced the complex web of feudal obligations and reciprocal responsibilities with the simple contract. Where Marx was wrong was in his belief that classes would become ever more rigid as all other social divisions became replaced by what he called 'relationship to the means of production'. In Marx's vision there would be just two great classes: the capitalist, who owned the means of production, and the proletarians, who did not. Increasing conflict between these two blocs would eventually lead to the great and final revolution when private property would be swept away and communism would replace capitalism. Clearly Marx was wrong about the revolution, and that error stemmed from his mistake about the increasing rigidity of class divisions. Far from becoming ever more sclerotic, class divisions softened. As Weber pointed out, there were major divisions within Marx's classes. In Marxist theory, all proletarians were in the same (ever more leaky) boat, but, as Weber correctly saw, those who were alike in not owning productive capital could still be very different in power and hence in life chances. Those who possessed scare skills (professional workers, for example) could exert considerable command over their working conditions and enjoy considerable autonomy. There was also an important group of managers who, although they did not own capital, none the less, through their day-to-day control of capitalist enterprises, enjoyed a position quite different from that of unskilled workers. Furthermore, the rise of the joint stock company meant that an increasing amount of capital ceased to be owned by individuals and came instead to be owned by collective agents such as pension funds.

Marx also failed to appreciate the consequence of *flow* within occupational structures. Throughout the nineteenth and early twentieth centuries, the proportion of people who worked in agriculture steadily fell: farm labourers moved into the towns and cities and into the factories. In the twentieth century the proportion of people who work at unskilled manual production jobs has steadily fallen. In 1911 over three-quarters of Britain's employed population were manual workers. By 1964 this had fallen to half and by 1987 it was only a third. Even if we can view the class structure as a stable column of boxes (and more of that shortly), the content of those boxes has been in constant flux. People have moved in and out of them, often in only one generation, almost always in two. This offers one very powerful reason why people did not, as Marx expected, come to see themselves as being much defined by their class. They did not see themselves in those terms because they were not in any one social place long enough.

Weber's way of conceptualizing class in terms of 'market situation' or the amount of control people have over their working lives has proved much more fruitful than Marx's capital-and-labour schema. The now most commonly used method divides people as follows. Those in the service class or *salariat* exercise delegated authority or specialized knowledge and expertise on behalf of their employing organization. In return, they enjoy relatively high incomes, security of employment, incremental advances, enhanced pension rights, and a good deal of autonomy at work. The *working class* consists of skilled and unskilled manual workers who supply discrete amounts of labour in a relatively short term and specific exchange of effort for money. These occupations tend also to be more intensively supervised and controlled. Between the service class and the working class, we have the *routine clerical* class, which is defined by employment relations that combine elements of the service relationship and the pure labour contract. A fourth class consists of the *small proprietors and self-employed*, who enjoy the autonomy of the service class but also exchange effort for money on a 'piece' or time basis. Finally, we distinguish *farmers* and *agricultural workers*, whose working lives often differ markedly from those of other kinds of small proprietors and manual workers: they own land, involve their families in production, and offer and receive payment in kind (such as tied housing).

Although these divisions are more complex than what we commonsensically mean by class, this system has a number of advantages. First, the categories are based on a clear and testable theory about what matters for life chances. Secondly, they have repeatedly been shown to be effective in explaining social regularities. Thirdly, they have been extensively used in cross-national comparisons of social mobility.

By social mobility we mean the extent or ease of movement between classes and we usually have two questions in mind. How likely is it that someone will move from one class to another in his or her lifetime? How likely is it that people will end up in a class that is not the same as that of their parents? One of the most surprising results of modern class analysis is that the relative chances of changing position vary little from one society to another. We may suppose that such new or radically restructured societies as Japan, Australia, and the United States are much more open than Britain, but reliable studies have shown that these and ten other major industrial societies have very similar mobility regimes; that is, that they are similarly fluid. Furthermore, though those of us lucky enough to have benefited from the change in the class structure might find this hard to believe, relative class mobility chances have remained much the same throughout the twentieth century.

This finding surprises us because we commonly confuse the likelihood of any particular person 'getting on' with the *opportunity* for social advancement, which is largely determined by the structure of the system. I will explain. Whatever class you are born in, the odds of improving yourself depend not just on the fluidity of the system but also on the capacity of the box you want to end up in. Over the twentieth century the shape of the class hierarchy changed from a pyramid (small service class; large working class) to a lozenge, as the number of people involved in manual work declined and the white-collar and professional sectors grew rapidly. As a result of that change, everyone has had a better chance of moving up but the *relative* chances of someone from the bottom of the pile and someone from the top ending up at the top, have remained much the same. As Gordon Marshall puts it:

> More 'room at the top' has not been accompanied by greater equality in the opportunities to get there. All that has happened is that proportionately more of the new salariat jobs have gone to the children of parents already holding privileged class locations. In sum the growth of skilled white-collar work has increased opportunities for mobility generally, but the distribution of those opportunities across the class has stayed the same.

In other words, children of the working class have benefited from the expansion of white-collar work, but then so have the children of the middle classes.

What we make of this will depend largely on what we want or expect. If we are interested in social justice, we might find it rather depressing that those at the top have retained their advantages. However, if what we are interested in is *absolute* social mobility, then we would still be impressed that so many working-class people have risen into the service class, even though there has not been a corresponding number of service-class people going the other way. That lots of people now have more comfortable and affluent lives owes far more to changes in the economy than to greater equality of opportunity, but that should not blind us to the scale of the change.

The expansion of the service class can serve as a link to the next element in my description of modernization: the rise of the nation state. We are so used to maps that divide the world into France, Germany, Italy, and the like, and to wars (real and metaphorical) between nations, that we can easily lose sight of the novelty of this way of dividing and organizing people. Ethnic groups, united among themselves and divided from their neighbours by religion and language, are ancient, but until the eighteenth century most economies and polities were both larger and smaller than the present nation: villages and towns for some things, monarchies (which might encompass a number of countries) and empires for others. The rise of the nation state brought with it the need for ever-increasing numbers of officials to staff its machinery of government. In the twentieth century the nation state became the welfare state and that created a vast array of professional middle-class jobs in health, social security, housing, and education.

That modern lives are organized more by nation states than by communities has paradoxical consequences for the links between society and culture. On the one hand, the nation state requires a certain degree of internal homogeneity and promotes a sense of shared identity through a common language and a national history (preferably a heroic one). It demands loyalty to the fatherland or motherland. But, at the same time, the modern nation state has to come to terms with considerable cultural diversity within its borders.

Diversity comes from various sources. People migrate and take their culture with them; this has been the experience of New World states such as the United States or Australia. The state may expand its territory to encompass new peoples, as happened with the expansion of Britain to become the United Kingdom. Unitary states may be created from a number of republics, kingdoms, and principalities, as with Germany and Italy. But modernization itself creates cultural diversity *within* a society. In the feudal world a single Church encompassed almost the entire population and imposed something like a unitary set of values and norms on the people. With industrialization, communities of like-situated people fragmented into classes that developed their own interests. This increased social diversity was reflected in the religious culture, which fragmented into competing organizations. The gentry (and the agricultural labourers they controlled) stayed with the national church; its hierarchical structure of archbishops, bishops, and priests suited well the aristocratic view of the world as a divinely ordained pyramid. But the urban merchants, skilled craftsmen, and the more independent farmers were drawn to more democratic forms of religion and supported a series of schisms. The details of the break-up of what was once a unified culture are less important than the consequence.

Faced with increasing social diversity, the State had a simple choice. It could try to coerce conformity or it could become tolerant. Usually toleration was the second preference, accepted only when the costs of coercion became too high to bear and accepted only recently. In Britain, it was not until the middle of the nineteenth century that the final restrictions on the civil liberties of religious dissenters were removed. Catholics in Scotland did not get the vote until 1829 (and in 1998 they were still barred from the throne). Oxford and Cambridge had religious tests for entry until the 1870s and it was not until 1891 that such tests for Members of Parliament were abolished. These were the last vestiges of attempts to preserve a national religious culture that had looked pretty shaky since the eighteenth century. Despite persecution, the Quakers became wealthy and powerful, and by the 1830s the Methodists and Baptists were too numerous to be excluded from public life. Increasing diversity, combined with the already described rise of egalitarianism, forced the State to become increasingly tolerant of cultural differences.

Long-term, cultural pluralism brought about fundamental changes in the structure of social life and in its psychology. At the societal level, we see an increasing division between the public and the private world. People became increasingly free to do what they liked at home, at leisure, in private. At the same time, toleration was increasingly enforced by procedural rules in the public sphere. Many illustrations of this momentous change can be seen in how we use the term 'discrimination'. In the early nineteenth century it was quite normal for someone who held a powerful public office to use it to promote the interests of his family and friends. Patronage was the key to social advancement. Large landowners who controlled church appointments, for example, were expected to give rich parishes or posts on the staff of cathedrals to their kinsmen or to the sons of other wealthy patrons who could return the favour. Senior army officers and civil servants would appoint their relatives. We would now regard such a system as unfair. Nepotism is no longer a descriptive term; it is an accusation. More than that (and this offers another important insight into the modern world) we would regard such a system as inefficient.

Modern societies take the principles that underlie the industrialization of manufacture and apply them to the organization of people in other spheres. We suppose that any task is best done if we concentrate on the matter in hand and relegate all other considerations. We thus expect that soldiers will be promoted because they show aptitude for the task of soldiering and not because they are the younger sons of generals. We expect that clergy will be appointed because they show appropriate spirituality and not because their families have some 'pull' with the patron of the parish. Admission to higher education is by academic qualifications. Concentration on the task in hand requires us to be 'universalistic'. For example, we suppose that the most efficient and fairest way of allocating government housing is to establish criteria of need (such as number of children and state of present housing) and then allocate houses as they become vacant to those who 'need' them most. When, as was the case in Birmingham in the early 1960s, we discover that local councillors are denying council houses to immigrants, we accuse them of 'discrimination' and we create new sets of rules and procedures to force housing allocation to be put on a rational basis.

Of course, powerful groups do not readily bow to the demands for civil rights and in many arenas we see lengthy cat-and-mouse games. When the United States gave the vote to blacks, many southern states tried to preserve white supremacy by creating requirements of voters (such as literacy tests) that superficially looked fair, in that they applied to everyone, but were actually intended to curb black voting. When, despite this, blacks began to vote in large numbers, electoral districts were drawn up in ways that reduced the effectiveness of the black vote. By creating a large number of low-density white congressional districts and a small number of districts that encompassed very large numbers of blacks, one white vote could be made as influential as three or four black votes. The response of the federal government and the courts was to promote new laws that prevented each new evading tactic.

The progress of civil rights in modern societies has been uneven and halting. For all our legislative efforts on equal opportunities, it remains the case that many groups are systematically disadvantaged. While we have a good record of promoting *individual* legal and political rights, and of trying to prevent discrimination, we have done less to redress the considerable disparities of power and wealth that flow from social characteristics such as class, gender, and race. Strategies for redistributing wealth or creating real equality of opportunity by giving disadvantaged groups various sorts of 'head start' have usually been defeated by the counter-argument that they infringe the individual rights of those who cannot claim membership of the group that is intended to benefit from 'affirmative action'. None the less, observing that our societies retain certain forms of inequality should not blind us to the extent to which they have abandoned others. Modern societies regard as unjust and inefficient, and seek strenuously to outlaw, discriminatory practices that were entirely acceptable 200 years ago.

To recap, on the one hand, we have the public sphere becoming increasingly free of cultural norms (such as 'promote your cousins'). On the other hand, we have ever-greater freedom for people to exercise their personal preferences. Religious preferences and sexual orientation are now largely matters for individuals. The important point the sociologist would make about these changes, which separates the sociological explanation from that of the idealist philosopher, is that increasing personal freedom and liberty did not come about because any particular person or group thought liberty was a good idea. It was not the sloganeering of the French revolutionaries or black civil-rights activists that made the world as it is. Such social movements merely reinforced changes that were already underway as a necessary accommodation to the forces of modernization. Changes in the economic and political structure required changes in our basic attitudes to people. The division of public from private was a necessary accommodation to increasing social and cultural diversity in a context that assumes all people are at base equal.

That describes the structural response to social fragmentation. There was also a powerful change in the way we hold our beliefs and values. We saw it first in religion, but it spread. When the dominant religious cultures first fragmented, each fraction insisted that it and only it was right, but with increased diversity such conviction became difficult to maintain. The easiest way to do it is to have a theory which both asserts the superiority of one's own views and explains why other peoples have got it wrong. The British missionaries of the nineteenth century developed the notion that God revealed himself in forms appropriate to the social evolution of different races. To the aborigines and Africans he gave animism. To the more developed Arabs he gave Islam. To the southern Europeans he gave Catholicism. But to the northern Europeans (and especially the British) he revealed himself fully by giving them evangelical Protestantism. We can appreciate the rich functionality of this line of thought. It explained why other people were wrong without accusing them of malevolence. It asserted the primacy of British Protestantism. And it justified the civilizing mission of British imperialism. By 'bringing on' these supposedly backward races we would raise them to the point where they were ready for the true religion.

This is one example of the devices that people can use to sustain their own views in the face of alternatives. Another is to suppose that those who disagree with us are in thrall to some evil power. So American fundamentalists of the cold-war era supposed that liberal Christians were either in the pay or the power of Soviet Communism. All of these strategies work best when the dissenters are 'foreign', not our sort of people, which is why the cultural diversity that results from the internal fragmentation of society is so much more threatening than that which comes from outside. When it is our own people – our neighbours, friends, and relatives – who disagree with us, it is less easy to dismiss their views as being of no account. In that situation we are much more likely to change the status and the reach we accord our views. Of course, dogmatism is still common, but, especially as they are expressed in such public forums as the mass media, ideas and beliefs are often handled in a manner that, even if it is not consciously seen in these terms, is in practice relativistic. We handle our failure to agree by supposing that what works for you may not work for me, and vice versa. Values become personalized.

More will be said about relativism in the final chapter. Here I will summarize by saying that the rise of egalitarian individualism has consequences both for the organization of society (in essence increased freedom in private and increased constraint in public) and for the status we accord our ideas and values.

Anomie and social order

This is a slightly contrived link, but I would like to return to the nature of social order and the causes of crime, and the topic of egalitarianism does feature in what follows. Consider India. Here we have a country with extremes of wealth and poverty. Yet, compared to the United States, there is little crime and comparatively little of the vices we associate with urban social malaise: alcoholism, drug addiction, and suicide.

The core of the explanation is simple and was given in the 1950s by Robert Merton, who took Durkheim's arguments about the link between individual stability and social order and added a radical twist. It is often supposed that the crucial tension in social life is between the individual and the society. Crime and other forms of malaise result from a society insufficiently imposing its values on the minds of its members. Anti-social behaviour results from a lack of socialization. Merton took the rather different view that a tendency to crime and deviance was actually endemic to the modern society.

Naturally, this summary simplifies, but Merton's case was that we can understand a society as two relatively autonomous spheres: culture and social structure. Culture tells us two sorts of things: what we should desire and how we should behave. Structure describes the allocation of power, wealth, and status. The social structures of traditional societies are hierarchical. Some people are rich and powerful; most are impotent and poor. The culture reflects that disparity. Different groups of people are taught to expect very different things from life and to behave in ways appropriate to their station. So what people expect and what they get are in balance. The poor expect to be poor. Hence they accept being poor. In medieval Europe and in Hindu India this profoundly discriminatory system was legitimated by a widely shared religion that promised great rewards in the next life to those who humbly accepted their position in this life. The meek Christian expects to inherit the earth in the next life so long as he does not try to steal it in this. The poor but pious Hindu will be rewarded with a better birth in his next reincarnation.

What puts conflict right at the heart of the modern social system is that culture and social structure are no longer in harmony. The culture is democratic: the goals of material success are offered equally to everyone. The American dream promises that anyone can become President of the United States or at least president of a major corporation. As Andrew Carnegie put it: 'Be a king in your dreams. Say to yourself "My place is at the top."' Merton goes further and suggests that the United States (and here it may differ in degree from many European societies) makes ambition patriotic.

But equality of aspiration is not matched by equality of opportunity. The rhetoric of meritocracy encourages everyone to want the same things, but the reality of a class structure means that many people are denied the chance to attain their goals legitimately. As the social structure does not permit them to remain equally committed to the socially approved goals and to the socially approved means, they must lose faith in one (or both) parts of the value system. Merton suggests that there are five basic ways for individuals to adapt to the tension between goals and means.

Merton's typology of modes of individual adaptation.

Type of adaptation	Culture goals	Institutionalized means
I Conformity	+	+
II Innovation	+	–
III Ritualism	–	+
IV Retreatism	–	–
V Rebellion	+/–	+/–

To the extent that a society is stable, then *conformity* will be the most common and widely diffused position. Most people are committed to the goals and to the rules that specify how one attains them. *Innovators* are committed to the end result but reject the procedural rules. The combination of the relentless emphasis on success and the uneven distribution of the means to achieve it allows many people to feel justified in finding new (and illegal) ways to get on. Denied a realistic chance to become president of General Motors, the young Italian instead aspires to become head of a Mafia family.

The third type of adaptation, *ritualism*, is interesting. The British social-history literature offers many studies of the almost obsessively 'respectable' lower-middle class, and the type is well explored in the early novels of George Orwell. Here we have those people who have no serious prospect of being successful in worldly terms (and indeed are suspicious of too much ambition: that is getting ideas above your station) but who are none the less terrified of falling back into the working class. Dress and language codes become an important device for drawing a clear line between the respectable and the rough. As Merton puts it: 'It is the perspective of the frightened employee, the zealously conformist bureaucrat in the teller's cage of the private banking enterprise or in the front office of the public works enterprise.'

The *retreatist* response is the least common. In this category fall some of the adaptive activities of 'psychotics, autists, pariahs, outcasts, vagrants, vagabonds, tramps, chronic drunkards and drug addicts'. These are people who have given up on goals and means, or, to use the Australian metaphor, 'gone walkabout'. Finally, Merton adds a fifth response. *Rebellion* describes the deliberately selective attitude to goals and means of those people who seek to replace the prevailing order by a new world in which merit, effort, and reward are brought into alignment.

As with many other classics of the sociological tradition, Merton's theory of anomie inspired a large body of research that confirmed some elements of the model but cast doubt on others. In particular, scholars have been critical of Merton's expectation that innovation will be most strongly associated with the working class. The idea that disillusionment with the unfairness of a class system will cause those most disadvantaged to seek to enrich themselves by robbery, burglary, theft, and mugging seems plausible, but why then do those who have every opportunity to do well honestly none the less want to do better dishonestly? Why do financiers fiddle their customers? Why do rich businessmen fiddle their taxes? Although Merton does discuss white-collar crime, his view from the 1950s now seem rather naïve. As journalists have become less deferential to the rich and powerful, we have learnt a great deal about the workings of power Élites. If we consider just recent American presidencies, we have the scandal of Richard Nixon approving of his officials illegally weakening his opponents' election campaigns and then covering up the crimes; we have Ronald Reagan approving illegal arms sales to provide funds for illegal guerrilla armies in Nicaragua; and we have the very fishy financial dealings of people very close to Bill Clinton. I will avoid the minefield of trying to compare the social costs of the crimes of the rich and the crimes of the poor by saying, minimally, that few of us now share Merton's confidence that innovation is particularly strongly associated with the working class.

None the less, Merton has captured a vital point about modern societies. At the heart of any stable world is a shared belief that things are mostly as they *should* be. There need not be a dominant ideology that justifies social arrangements in detail and to which everyone enthusiastically subscribes, but there does need to be some sort of moral sense that most people get their just deserts. The Hindu notion of karma achieves that perfectly. Because it is built on the principle of repeated reincarnation, it can suppose that, however unfair things look right now, the bad people with good lives must have been good in a previous incarnation. More than that, they will suffer a worse rebirth in the next life as punishment for their acts in this round. Though Christianity is less good at explaining why bad things happen to good people, it offers a restorative mechanism in the notions of heaven and hell. But modern societies are largely secular and our desire for social justice has to be satisfied in this material world.

The egalitarian impulse, which, I have argued, is a central feature of the modern world, challenges the manifest inequalities of life. So long as meritocracy remains more of an aspiration than a reality, those who are encouraged to want a slice of the action but feel themselves denied a fair break will have little compunction about taking what they feel is due to them. The American journalist Studs Terkel once suggested that the motto of the city of Chicago should be 'Where's Mine?'. Two observations may save Merton's theory from the problem of middle-class innovation. First, we can note that experiences and reactions can become diffused and adopted by others outside the social location that most pressingly experiences the frustrations Merton identifies. It may well be that the working class first or most severely appreciates the inequitable nature of the world, but disregard for the law can become widespread. Secondly, we can go back to Durkheim's argument about the boundless nature of human desires (see pp. 20–1). Someone who has everything can still want more, and a culture that puts great stress on worldly success while promoting the rights of the individual over the fate of the community encourages everyone, irrespective of their objective position, to feel relatively deprived.

Postmodernity?

Although scholars differ in the weight they give to different causes in the above account of modernization, there is widespread agreement that industrial societies are fundamentally unlike the agrarian societies that preceded them. For most of the twentieth century, there was a further argument about which features of our world were a consequence of industrialization and which were a feature of the *capitalist* form of economy in which our industrialization had taken shape. The class structures, gender relations, patterns of religious observation, and crime rates of capitalist democracies were compared with those of the Communist bloc states. The complete collapse of Communism in the 1980s ended those debates. The attempt to see which parts of our past were somehow 'essential' and which were accidental has now shifted to comparison between our past and the present development of Third World countries. It is, for example, now possible to understand better our own history when we see how the development of the nation state, representative politics, and industrialization proceed in the very different context of Singapore, Japan, Korea, and China. The existence of such comparators has certainly contributed to the decline of the confidence of Western sociologists of the 1950s who believed that the history of the West provided a universal template for modernization.

There has also been an important shift in depictions of the West as many scholars (interestingly often philosophers and social theorists rather than sociologists) have argued that, though the above account of modernization is reasonably accurate for the nineteenth and early twentieth centuries, we have now moved into another epoch: the *postmodern* world. Although there are many strands to 'postmodernism' (an art style before it became a social theory), the basic idea is that individual freedom has combined with increased geographical mobility and better communication to create a world in which 'consumers' select elements of culture from a global cafeteria. Economies based on the production and distribution of things have been superseded by economies based on the production and distribution of ideas and images. Idiosyncratic preference, taste, and choice have extended to the degree that it makes little sense to talk of social formations such as class. An obvious illustration can be found in the matter of accents. Before the 1970s there was a clear association in such societies as the British and American between a certain accent and social prestige. Mass-media broadcasters spoke in the accents of the upper classes. It used to be possible to guess the political party of a politician by accent. British Tories spoke like members of the royal family; Labour politicians spoke in the regional tones of the working class. Such typing is now vastly more difficult. Well-educated middle-class children listen to 'gangsta rap' and other musical styles associated with the black poor of the inner cities and borrow vocabulary and accent, as well as borrowing dress and posture styles.

In politics, it is no longer possible to 'read off' people's preferences from their position in the class structure. Instead we find a variety of consciously created interest groups: radical student movements, environmental movements, animal rights campaigns, gay rights groups, and women's groups.

The nation state has become impotent. The globalization of trade and finance has radically reduced the ability of states to control their economies. Modern digital technologies of communication have radically reduced the ability of states to control their citizens. States are becoming increasingly subordinate to supra-national entities such as the European Union.

Even the certainties of birth, sex, and death have been blown away by transplant and reproductive innovations. Genetic engineering has given us the power fundamentally to alter the biological bases of identity. We have now cloned a sheep. We will soon clone people. In the postmodern world, nothing is solid. All is flux.

While there is something in such a description, it is grossly exaggerated. It is always useful to remind the intellectuals of London, Paris, and New York that much of the life in the provinces goes on little changed. Satellite TV might be a novel form of communication, but the soap operas we watch are little different from the novels of Dickens. Cheap international travel is now possible, but it takes as long to cross London now as it did when Sherlock Holmes solved the crimes of Victorian London. The heavy industries of the Ruhr and the Clyde have disappeared, but workers are still organized in trade unions and occupational class still affects people's attitudes, beliefs, and political behaviour. More significantly for the postmodern image of the autonomous consumer, the hard facts of people's lives, their health and longevity, remain heavily determined by class. To give just one example, at the start of the twentieth century working-class boys in London and Glasgow were on average 2.5 inches shorter than their middle-class counterparts. At the end of the century that is still the case. The popularity of divorce and remarriage has made the structure of the modern family more complex than that of its nineteenth- century predecessor, but the family remains the primary unit of reproduction and socialization and, for most of us, it remains a source of great satisfaction and psychic stability. While technological and social innovations have threatened the family, they have also provided resources for retaining the old habits in new times. Cheap high-speed travel allows us to be further away from each other, but it also allows us to regroup frequently. As we see when states limit trade, set quotas on immigration, and haggle over which will play what part in the 'international community's' response to this or that political crisis, the announcement of the passing of the nation state is, to say the least, premature.

It may well be that the modern societies that have preoccupied sociology were so dependent for their character on industrial manufacturing that a shift to an economy based on technological expertise and exchange will bring about such far-reaching changes to society and culture that we will at the start of the twenty-first century be justified in claiming a new epoch. But at present such designation seems premature and masks the fact that many of the changes heralded as 'post-modern' are only extensions of the features of the modern world that fascinated Marx, Weber, and Durkheim.

Ironic consequences and social policy

In order to avoid repetition, one very important consequence of the ironic nature of social action has been held over to this point. The key sociological proposition that much of our world is inadvertent and unintended is important, not just for understanding why things do not go as planned but also for understanding why things are as they are. This has serious policy implications, because, if we misunderstand the causes of what concerns us, we misdirect our efforts to change it.

The point can be illustrated by considering the conservative critique of modern sexual liberality. Those who bemoan the decline of the 'traditional' family often blame the proportion of children in day care, juvenile pregnancies, high divorce rates, and, by extension, urban crime and juvenile delinquency on individuals or social-movement organizations that have openly championed easily available contraception, sexual liberation, easier divorce, and alternatives to the nuclear family. Liberal writers from the 'permissive society' of the 1960s are quoted and their opinions are taken to have been effective. That is, the problems are the result of deliberate policies advocated by these bad people. Hence the solutions are to restrain the opportunities for liberals to promote their ideals and for conservatives to become equally vocal in arguing the merits of traditional values.

However, a sociological approach to increasing divorce rates would suggest that, far from being the deliberate outcome of consciously desired ends, they are the *unintended consequences* of a large number of developments, many of them supported by and enjoyed by the conservatives who bemoan the consequences. Clearly much of the stability of marriage came from its role in allocating property and determining inheritance. When the bulk of resources took the form of heritable private capital, then determining just who was a legitimate heir was a vital matter. When there was a clear division of status so that the male was the head of the household and there was a gender division of roles, then there were good reasons to subordinate personal fulfilment to the stability of the family unit. But industrialization reduced the economic importance of the household as a unit of production and reduced the importance of 'legitimacy' (and with it many of the constraints on sexual activity). The development of contraceptive technology broke the link between sexual fulfilment and reproduction. Increasing individual affluence (and, for those who did not personally prosper, the creation of a welfare state) made it much easier for people not to band together in small units pooling resources and made it easier for us to dissolve those units when we no longer liked them.

Crucial also was the gradual expansion of the notion of egalitarianism. There were many legislative and political battles to be fought before the fundamental idea that all people were much of a muchness was translated into a culture of equal rights for all, but gradually rights were extended from landowners, to rich men, to not so rich men, to all men, and then to women.

The decline in the economic and political functions of the family allowed space for the development of a new justification for the nuclear family: the production of emotional satisfaction. In the 1950s American sociologists such as Talcott Parsons argued that the primary role of the family was to provide warmth and comfort and companionship. The family was to be a place where one recharged one's batteries and indulged in the personal and discriminatory behaviour that was increasingly outlawed in the public sphere. At work we were supposed to be rational and disciplined, to be confined by our roles, and to treat people on the basis of universalistic criteria. But at home we could relax and be ourselves. We could be honest. Worse than that, we were expected to be honest and open, which called into question the hypocrisy that had allowed our forebears to engage in extramarital activity while swearing lifelong fidelity. Concentration on psychological fulfilment places enormous strain on the institution because it raises impossibly high expectations.

A further complication comes from improvements in health. One of the most remarkable achievements of modern industrial capitalism is the increase in life expectancy. What is involved in swearing to love and cherish 'until death do you part' has changed dramatically since 1800 or even 1900. At the start of the twentieth century only 8 per cent of the British population was over 60 years old; by the end, it was over 20 per cent. It may seem a little callous to express it in these terms, but divorce can be seen as the modern equivalent of premature death.

The specific causal connections are complex, but I hope the above is enough to assure us that the decline of the traditional nuclear family had very little to do with the writings of the enemies of the family. Rather than being a cause, it is far more likely that such propaganda was a symptom of the changes already in progress. Changes in the family cannot be separated from changes in the structure of the economy, the expansion of the idea of rights, and increasing affluence. And those are all things that in the main the conservatives who bemoan the death of the family would not wish to have been otherwise.

The policy implication is this. When we concentrate on the individual person choosing a particular course of action, we risk the mistake of supposing that those actions will have the intended consequences. By overlooking the amply-evidenced fact that much action goes astray and that the world turns out as it does not because anyone wants it like that, but because actions engaged in for one purpose have unanticipated consequences, we risk exaggerating our own powers to engineer change. Especially if we can find some group of people who did want that change, we can readily (but mistakenly) suppose it happened because they wanted it and it can be reversed by us wanting something different.

The most florid example of this mistake is the conspiracy theory. The understandable desire to understand the world has lead to a huge and persistent market for simple theories of powerful hidden agents. So the Second World War was not the outcome of a very large number of actions engaged in by a very large number of individuals, groups, and organizations with very different goals; it was caused by the Jews, or the Freemasons, or International Communism, or some other unitary actor. If no this-worldly agent of sufficient potency can be imagined, then one can always invoke aliens. Such conspiracy thinking is actually a misdirected partial understanding of social causation. It rightly supposes that there is more to life than meets the eye and reflects the sense of the powerless that there is an order that is not immediately observable to the untrained eye. But then it reverts to the idea that things occur because someone wanted them like that. It fails to understand unintended consequences and the supra-individual causes of action.

Chapter 5
The Impostors

The previous chapters have tried to give some idea of the themes of sociology and the distinctive flavour of the sociological vision of the world. In order to clarify further that vision, this chapter will look briefly at various impostors in the sociology camp and then attempt a summary description of the discipline.

Improvers and utopians

There is an impression, widespread among our detractors and not unknown within the discipline, that sociology is (or should be) in the business of helping people. This is understandable but it is mistaken. It is understandable because many of the early contributors to the discipline were moved to their studies by a desire to alter the world. Karl Marx was primarily a revolutionary who wished to see unjust and oppressive capitalism replaced by a more humane economic and political structure. Such founders of the British tradition of empirical social research as Seebohm Rowntree and Charles Booth documented poverty because they hoped to shock governments into doing something about it. Sociology in Britain owed a great deal to the London School of Economics, and the close association of that institution with the Webbs (who founded the Fabian Society and were an influence on the early Labour Party) gave much of its work a clearly reformist tone. Some of the founding faculty of the University of

Chicago's Sociology Department had been raised in Protestant clergy families, and, though far from being Marxists, they would have heartily agreed with Marx that the point of studying the world was to change it.

However, though the discipline owes much to reformers and many sociologists derive their research interests from moral and political engagement with the world, sociology must be distinguished from social reform. An academic discipline can function only if it is driven by its own concerns and not those of others. Even the most confident advocates of the scientific method recognize the constant interplay of explanation and observation. We need tentative theories before we can know what to observe or how to describe it. For sociologists to collaborate in accumulating a body of knowledge, they need to speak a common language. For example, the comparative class analysis mentioned in the previous chapter is possible only because scholars in different countries use the same models. Furthermore, debates (for example, over the relative merits of Marxist and Weberian views of class) can be rationally advanced only if both sides agree to deal in the same currency. For this reason, only those ideas that are necessary to the task in hand should be allowed to guide our work.

That is easier to say than to ensure. The core ideas of genetics and of Soviet communist philosophy are sufficiently different for us to see their mixing in the Lysenko example as detrimental and distorting intrusion. But the study of social life and the reform of society share concepts, measures, and theories and that makes it especially difficult to avoid contamination. None the less, that has to be our aim. Productive dialogue between sociologists is best served by them making every effort to distinguish between the values necessary to the discipline (such as honesty, clarity, and diligence) and extra-disciplinary concerns that should be laid to one side.

Those of us who teach sociology routinely see the difficulty our students have in distinguishing between a social and a sociological problem.

When asked to choose a topic for their research projects, students almost invariably focus on something bad about the world. They want to 'do something about' the homeless or alcoholism or domestic violence, and the flaccid verb 'to do' is a clear symptom of the confusion between explaining and rectifying.

One way of clarifying the difference is to describe a sociological case study of some feature of the social world that might be widely seen as unacceptable. David Sudnow examined 'plea bargaining' in a California court. Some 80 per cent of cases never come to trial because the defendant agrees to plead guilty, which saves the courts a lot of money. To encourage the defendant to 'cop a plea', some reduction in the charge is usually offered. The supposed perpetrator is given a choice between contesting the case and risking a certain level of punishment or accepting as certain a lower level of punishment.

The California legal code recognizes the notion of a lesser offence. If in committing crime A, a person must also commit crime B and B gets a shorter custodial sentence, then B is the lesser offence. For example, robbery necessarily includes petty theft in the sense that one cannot rob without also committing petty theft. The procedures of the court specify that one cannot charge a person with two or more crimes, one of which is necessarily included in the other. For example, a person cannot be charged with 'homicide' and with the necessarily included lesser offence of 'intent to commit a murder'. The rules also say that the judge cannot instruct a jury to consider, as alternative crimes of which to find the defendant guilty, offences that are not necessarily included in the charged crimes.

Sudnow explains the legal principles governing charges and lesser offences because he wants to make a contrast between the formal rules and what actually happens. For the District Attorney (prosecuting) and the Public Defender (hereafter DA and PD), the interest in charging is quite different from the concerns enshrined in the legal codes. Rather than being concerned with what crimes were actually committed and the procedural rules about inclusion, they are concerned to strike a bargain. In order to persuade the defendant to enter a guilty plea, they need to find a lesser offence that carries a sentence sufficiently lower to seem like a good deal but not so much lower that the DA will feel that the defendant has 'got away with it'.

What Sudnow discovered was that offences were routinely reduced to others that were neither necessarily included nor actually included in the particular commission of the major offence. For example, 'drunkenness' was often reduced to 'disturbing the peace', even if the peace had not actually been disturbed. 'Molesting a minor' was often reduced to 'loitering around a schoolyard', even when the offence had taken place nowhere near a schoolyard. Furthermore, reductions often defied the nature of the original charge. Burglary was often reduced to petty theft, even though petty theft is necessarily included in robbery and robbery is clearly distinguished in law from burglary. Were one to take the legal code seriously, such a reduction would be a nonsense, yet it was routinely used. Why the DA and PD colluded in this defiance of the law is obvious: producing the right outcome was much more important than following the letter of the law.

But how was this practical goal achieved? The answer is that, through lengthy experience, the PD and DA had come to develop knowledge of the typical manner in which offences of given classes are committed, the social characteristics of the persons who regularly commit them, the features of the settings in which they occur, the types of victims often involved, and the like. They had built up a notion of 'normal crimes' based on intensive knowledge of their areas. Over a history of plea bargaining the two sides had developed recipes for successful reductions. Typical 'assaults with a deadly weapon' were reduced to simple assault, 'molesting' to 'loitering around a schoolyard', and so on. Although the recipes were applied to individual defendants, the particularities of each case were of little concern *provided the offence fitted into a typical box*. It was the class of offence and the typical class of offender that were at issue and the charge sheets were written up in such a way as to guide everyone involved to the correct interpretation. So the harassed defence lawyer, who might typically have only a few minutes to review the case, could quickly see what was required and what would work.

It would be possible to read Sudnow's work as a report on a 'social' problem. The cut-price justice that the system offered could be construed as a major infringement of civil liberties: people are routinely pressed into pleading guilty to crimes that nobody thinks they committed. However, none of that is Sudnow's concern. What he wants to know is not whether the justice routinely doled out by the courts is good or bad, but what it is and how it happens. His point is not to highlight the thing that needs correcting, but to identify the thing that needs explaining. In so doing he offers a well-documented example of the common phenomenon of people developing shared *ad hoc* typifications that they use to order the raw material for their work in a way that allows them to 'get on with the job'.

A similar theme informed the research of a postgraduate student who was a contemporary of mine at the University of Stirling in the 1970s. She wanted to understand the practical organization of psychiatric nursing and for a number of months she worked 'undercover' in a major Scottish mental institution. She quickly discovered that patients were managed within two quite different frameworks. The consultants classified patients according to formal diagnostic schema and prescribed treatment appropriate to the diagnostic categories. But the nurses, who were responsible for the day-to-day management of the wards, had a much simpler system that reflected their working concerns. They labelled patients as 'wetters' and 'wanderers'. The primary problem with the former was their incontinence; with the latter it was their lack of orientation. The nurses knew that their classificatory system would offend the consultants and the family and friends of the patients, so those terms were used only in private talk between nurses and in the 'backstage areas' such as the tea-room, the canteen, and the nurses' home.

Like Dalton's work on the disjuncture between formal models of organization and the informal organization of the workplace, these examples could be seen as identifying problems, and no doubt particular interest groups will wish to complain about them. But that cannot be a central concern for the sociologist. In setting their agenda, sociologists must be driven by what is sociologically interesting, not what is socially problematic. Erving Goffman's influential work on roles was built on the study of mundane everyday actions, not on the exotic or the especially troublesome. Howard Becker's labelling theory of deviance was the result of what, at the time and from the standpoint of a social reformer, might have seemed like a curious choice of topic. Why study marijuana-smoking jazz musicians when there is serious crime to investigate?

Agendas external to the discipline are an unhelpful distraction. Had Goffman viewed the mental institutions that provided much of the material for *Asylums* with the perceptions of either the psychiatrists or their critics, he might not have seen the sociological gold dust. Goffman takes a wide variety of trivial and previously unremarked bits of behaviour (such as using crayons as lipstick) and shows that they share a common and important social function: they are devices that patients use to maintain a sense of self-identity in a setting that was designed, for therapeutic purposes, to undermine it. Goffman finds the new meaning in what he observes because he approaches the field as a sociologist. Instead of seeing boarding schools, asylums, monasteries, and army training camps as unrelated places that should be seen as respectively educational, therapeutic, religious, and military, Goffman perceives that they have common sociological features that he expresses through the notion of a 'total institution'. Because he was thinking sociologically, Goffman asked questions of his data that others with different agendas and interests would not have asked.

Partisanship

The social sciences are particular vulnerable to betrayal of principle because a central premise - one of the strands of the charm bracelet - can, if misunderstood, provide a warrant for partisanship. When we recognize that reality is a human product, a social construction, we weaken the solid link between perception and objective reality and call into question the standing of our own accounts and explanations. We then go further and point out that how people see things owes a lot to their shared interests.

This is not a claim about honesty (though it can be closely related); it is about something more subtle than lying. What distinguishes ideology from dissembling is that ideologists believe. When conservative Christians in the United States claim (let us assume mistakenly) that the high level of teenage pregnancy is a result of atheists banning prayer from public schools, they are not lying. They are being influenced by their shared beliefs into seeing the world in a particular way. When entrepreneurs argue that the extension of labour rights will cost jobs, they are not dissembling. They are giving voice to views they sincerely hold, which happen to coincide with their material interests.

The natural temptation is to see our own views as accurate and the views of others as ideology, but sociology makes that difficult by identifying ideological influences in an ever-greater number of social groups. Two examples come particularly close to home. In the 1950s it was common to distinguish professions from other kinds of work by noting that doctors and lawyers, for example, experienced lengthy periods of training in which they acquired expertise, were free from external regulation (only a doctor is able to judge if a colleague has been negligent), could restrict entry to the profession, and enjoyed high levels of reward. A firm line was drawn between the professions and other forms of skilled labour (such as craft engineering) that also tried to limit access and thus improve rewards. When the professions did this, it was justified because they served some higher social good (health and justice). When engineers did it, it was an unwarranted restraint on trade, and in many countries it was outlawed.

Sociological studies quickly punctured the inflated self-image of professionals by showing that, although their advantages were real enough, the justifications offered for them were largely self-serving rhetoric. The lengthy training periods often had more to do with excluding those of the wrong class, race, and gender than with the acquiring of necessary skills. Professional self-regulation had more to do with hiding bad practice from lay scrutiny than with the social good. Professionals seemed as greedy and acquisitive as any other group of workers.

The pretensions of science were also deflated by sociological research that showed that scientists were extremely reluctant to expose their theories to refutation, that the social influence of cliques had a major effect on how new ideas were received, and that there were often no observable differences between the conduct of orthodox and pseudo-science. Far from having a method that guaranteed authority for its results, science looked pretty much like other forms of work. In the first chapter I explained why I think this downgrading of science is grossly exaggerated, but it has become popular in Western social science.

If sociologists undermine the special status of the professions and the sciences, where does that leave their own work? Does it not follow that the *profession* of social *science* is itself pervaded by ideology? Even if the discipline has no special ideological interests, most of its practitioners would be influenced by the general racial, gender, and class interests of the white, male bourgeoisie.

One seductive resolution to this conundrum is to abandon all pretence to scientific neutrality. As conventional scholarship provides no way of arbitrating between competing visions, we should take sides on grounds derived from outside the discipline and opt for the fully committed partisan vision. Goals such as accuracy are then replaced by an interest in the consequences of ideas, what Marx called *praxis*. What matters is not whether an explanation of crime, for example, is coherent and well supported by the available evidence (because plausibility and status as evidence are themselves ideological products), but whether a theory will promote the interests of whatever social group one supports. One brattish criminologist, who had himself made little contribution to the subject, preposterously questioned the work of one of the doyens of American criminology by rhetorically asking what Edwin Sutherland had ever done to promote popular struggles!

Another defence for the scholar as partisan has become popular in the areas of ethnic studies and women's studies. The claim here is not that objectivity is impossible; it is that, even if it were possible, it would hinder the sociological enterprise. In order to explain we must understand. In order to understand we must experience. Only a black person can really understand what it means to be black. Only a woman can understand other women.

One good reason to be suspicious of this argument is that it is not offered even-handedly. We do not find sociologists arguing that only aristocrats can usefully study the aristocracy or that only fascists can study fascism. Such special pleading is offered only by people on their own behalf. Often it has the appearance of being a lazy way of asserting (rather than demonstrating) the superiority of their claims. Clearly, possessing some trait may be useful in understanding others with the same characteristic. I made that point in my general defence of sociology in the first chapter. However, there can be no room in honest scholarship for trump cards.

The idea that one has to belong in order to understand is often made further suspect by the way in which the group to which one should belong is defined. In drawing a line between insiders and outsiders, we have to impute to the group a patently exaggerated (if not downright false) set of common experiences and interests. Obviously, not all women or members of ethnic groups share the same experiences or hold the same values. Margaret Thatcher may have been Britain's first woman Prime Minister, but she was remarkably unsympathetic to what feminists defined as women's interests. Colin Powell was the most senior black person in the United States armed services in the early 1990s, but he served under Ronald Reagan, the most conservative president of the twentieth century, and rarely associated himself with racial-minority causes. One response of the partisan intellectual is to expel such people from the honoured group: Thatcher was not really a woman and Powell was an 'Uncle Tom'. The other response is to substitute for the opinions of the real group what that group would have thought had its thinking not been distorted by ideology. The partisans of gender and race assert what their client group should have thought and then claim that as the vantage point from which the world should be viewed.

In defence of value neutrality

At this point I would like to offer a defence of the ambition of objectivity. The partisans argue that objective social science is impossible because sociologists cannot transcend their own ideologically constrained world-views. If this point is not a statement of faith, it must be treated as a testable proposition. With only a little flippancy, I would note first that the partisans themselves refute their case: ideology blinds others, but they have managed to see above the mists. Unless the partisans can provide a plausible and testable explanation of why they are immune to a disease that infects everyone else, their intellectual good health offers a good reason to doubt the prevalence and severity of the ailment from which the rest of us are supposed to suffer.

A second response is to note that, even if the ideology problem is real in the abstract, it may not be relevant for a lot of sociological research. To continue with the sickness and health metaphor, the illness might not impair all functions equally. To take the example of my own work on loyalist paramilitaries, the facts that I am Scottish rather than Irish and have little personal sympathy for nationalism may bear on some aspects of my studies but have no effect at all on others. To return to the case mentioned in the first chapter, I do not see how any ideological interests would give me a particular slant on the question of how terrorists attain leadership positions.

The argument against objectivity supposes that contaminating bias will distort all one's work. My own experience suggests that many interesting and important questions in sociology simply do not carry the sort of moral, ethical, or political charge that would cause differences in observation and explanation to vary systematically with the social interests of those studying such questions.

Yet, even when they do, we still find sociologists taking up positions that do not appear to have a regular connection with their interests. I offer an example from the sociology of religion. Some sociologists believe that religion has declined markedly in the modern world; others believe that behind the apparent decline is an enduring and fairly constant religiosity. Many sociologists of religion are themselves religious people and have been drawn to the discipline in order better to understand their own faith. So we might expect that the personal values of these commentators would influence how they see the evidence. But the protagonists do not line up as we might expect. Among those who are persuaded by the evidence of secularization, we find two liberal atheists, a Lutheran who was an evangelical in his youth and is now in the mainstream, a former Methodist who is now an ordained Anglican, a conservative atheist who mourns the passing of moral orthodoxy, an official of a major US denomination, and a professor in a conservative Baptist college. Those who believe that modern societies are almost every bit as religious as pre-industrial ones show a similarly broad range of religious positions. Especially when I observe that some of these scholars have changed sides, and that many find quite plausible elements of the arguments presented by their opponents, I conclude that this field at least offers no support for the general claim that interests cannot be transcended. A similar case could be made from the field of political sociology. Again we have scholars studying aspects of the social world in which they are personally involved and again we find no easy match between competing explanations of voting behaviour, for example, and political preferences.

A further response to the partisans is to observe that the quality of a body of scholarship does not depend solely on the personal virtues of scholars. As I noted for natural science (see p. 4), the social organization of the enterprise is also relevant. Sociologists work in a competitive environment that allows the ready exchange of ideas and information. However blinkered I may be, there are others who are keen to prove me wrong. Objectivity does not depend on each of us being severally devoid of extra-disciplinary values; competition and collaboration neutralize the distorting effects of any one scholar's biases.

Finally, I would like to note that it is perfectly sensible to recognize that it is sometimes difficult to transcend one's own beliefs and values and still strive to overcome obstacles to objectivity. As the American anthropologist Clifford Geertz nicely put it, we know that it is impossible to create an entirely germ-free environment, but none the less most of us would rather have a heart operation in a modern operating theatre than in a sewer.

Relativism

If one response to the problem of ideology is partisanship, another is relativism, which brings me back to the subject of postmodernism. If reality is unknowable, if no objective and accurate account of the social world is possible, then we can do no more than endlessly manufacture partial descriptions of what the world looks like from this or that standpoint. And none of those descriptions is superior to any other. Again what we see here is a complex interaction between aspects of the world as described by sociologists and the way in which some sociologists see their work. Relativism has become particularly popular among disciplines such as media studies and cultural studies that lie on the fringe of sociology, but, like cancer, it has fed secondaries throughout the body of the discipline. Like cancer, it needs to be eradicated if the discipline is to survive.

We can readily understand why relativism is popular in cultural studies. Whether Austen is a better writer than Blyton and Constable a better painter than Picasso is largely a matter of taste. In most societies, the social hierarchy produces a hierarchy of tastes; one particular class decides what is good and bad art. In the Britain of the 1950s the expression 'I don't know much about art but I know what I like' was attributed by the smug to the ill-educated lower middle classes as a joke, a way of insulting their lack of expertise. In the 1990s it became an expression of high democratic principle. Attempts to preserve a 'canon' of good culture were seen as Élitist folly. To suggest that Austen was a better writer than Blyton came to be seen as snobbery. In many Western democracies (the United States, in particular) attacks on cultural hierarchies took on a particularly bitter tone as they were attacked, not just for class, but also for gender and racial bias. High culture was dismissed as the work of 'dead white males'. While we might have some sympathy with such criticisms in art and literature, they raise the awkward question of just where one draws the line between what is legitimately a matter of personal preference and what is a matter of fact. Those of us who believe in rational thought and the possibility of social science would draw a vital distinction by saying that we can accord everyone the right to believe what they wish and yet still assert that some beliefs are wrong. I fully support the right of people to believe that the world is run by a conspiracy of international Jewish financiers or that the governments of the West are in regular contact with aliens, but I would insist that such beliefs are not well founded.

What the relativist does is expand the area of knowledge that should be seen as matters of personal preference and hence of legitimate disagreement. The democracy of civil rights becomes a democracy of knowledge and that takes the form of supposing, not that everyone has an equal right of access to knowledge, but that what everyone believes is equally likely to be true.

The case against relativism

Part of the appeal of relativism lies in its starkness. It is dramatic and clear, whereas the responses often seem mundane and unfocused. Fortunately, that does not stop them being good responses. They will not satisfy those who want simple and arresting formulas, but together they do form a comprehensive refutation of relativism.

One reply was briefly given in the discussion of the claim that class is no longer significant: research consistently shows otherwise. Now it is always possible to argue that this or that pattern of regularities is merely a product of the strategies used to find it. After all, the Zande chicken-poisoning witch doctor would assert that his theories of causation are amply supported by the evidence. But where large numbers of scholars from disparate backgrounds come to the same conclusions, it becomes less easy to suppose that their findings are some sort of collective delusion and more easy to suppose that they are actually making contact with some external realities. That our observations can be persuasive for scholars from a wide variety of cultures suggests that there is a real world out there, which is independent of our beliefs about it, and hence that we can at least aspire to making discoveries about that world that are more than just an expression of our beliefs and preferences.

The point about understanding across cultural and social boundaries is important. If postmodernists are right that no reading, no account, can have any greater validity than any other, then cross-cultural communication would be impossible. The whole notion of translation supposes that we can (at least in theory) distinguish between more and less correct translations. In any particular case, it may not be easy, but the fact (and it is a 'fact') that nation states negotiate treaties, that religious missionaries translate their sacred scriptures into foreign languages, and that, every day, millions of us successfully communicate across class, gender, racial, ethnic, and linguistic borders should be enough to persuade us that the relativist's pessimism is misplaced.

Translation is possible because, for all the anthropological variation, there is much that is common in human experience. One culture may have a strong preference for male offspring while another may treat baby boys and girls alike, but the joys and trials of parenthood are similar the world over. Cultures may differ in the way they like their beef. We used to value fat cattle, now we prefer lean meat. But it is precisely because cattle rearers the world over speak 'the same language' that they can compare the relative merits of lean over fat. For centuries the Masai of East Africa have raised cattle in the most hostile environments and one might suppose that they had little in common with the rich beef farmers of the north-east of Scotland, but the first pedigree herd of Simmental cattle in Africa was founded in 1990 as a result of a collaboration between the Masai and a farmer from Methlick, a small village in Banffshire. They were worlds apart, but they had a common love for cattle and could find a common language for common action.

The difficulty with this sort of rejoinder to relativism is that relativists can refuse to be impressed because they reject the rules of engagement. Like the partisan who dismisses every criticism as mere ideology, the relativist can assert that the very idea of subjecting the claims of relativism to empirical test is based on an approach to knowledge that relativism shows to be mistaken.

The best answer to such blanket refusal to come to terms is to ask if relativists act consistently on their avowed philosophical position. Clearly they do not. Postmodernists write books and lecture; they try to communicate their claims to others. They do so because they believe that they are right and others are wrong. If they took a full-strength dose of their own medicine, they would shut up shop. If no reading is superior to any other, then why destroy trees to announce that to the world? If it is not possible to distinguish truth from error, why do postmodernists argue with those who do not share their views?

Conclusion

In this short essay it would have been impossible to describe sociology by comprehensively listing the impressive contributions to our understanding of the world that have been produced by the discipline's practitioners. I have tried to make some reference to the major figures and their most significant contributions: Marx and Weber on class; Weber on rationality; Durkheim on anomie; Gehlen on instincts; Merton on the structural causes of crime; Mead and Cooley on socialization; Michels on oligarchy; Parsons on the family; Becker on labelling; and Goffman on roles and total institutions. I have also tried to include enough references to specific sociological studies to give some idea of what sociologists do. However, the text has been designed to present, not a summary, but a sense of sociology.

If sociology is to be anything more than interesting (and not always that interesting) speculation, it has to be *empirical*. That is, its theories and explanations must be based on sound observations of the real world.

Hence my selection of great names has leant towards those who have combined theory with detailed empirical studies. If it is to be empirical, then sociology must model itself on the natural sciences.

However, in asserting that sociology must be a social science, we must also bear in mind the peculiar disadvantages and advantages that come from the discipline's odd subject matter: we study ourselves. The capacities of reasoning and interpreting that allow us to do more than merely act out our instincts or respond to our physical environment are what allow us to study anything. In turn this means that we cannot hope to treat social action as the symptoms of underlying regularities akin to the laws of the physical world. We have to recognize the socially constructed nature of reality and study those social constructions (of which sociology is itself a particular systematized and refined example). To the partisan and the relativist this is a conundrum to which we can respond only by abandoning study and either taking sides on ideological grounds (the partisan view) or taking all sides or none (the relativist position).

As I have argued, both of these forms of surrender are an unnecessarily pessimistic response. It is certainly not easy to understand the causes of crime or the decline of religion in the West, nor to explain political preferences and educational attainment. But so long as, in our everyday lives, we continue to believe we can work out which buses go to the town centre, which churches offer to hear confessions, which political parties come closest to our preferences, and when our children are lying to us, I see no reason why we should believe that a more systematic examination of such questions on a larger scale is impossible. At various places in the text I have drawn attention to the ways in which sociological explanations differ from common sense: sociology recognizes the socially constructed nature of reality; it identifies the hidden causes of action; it describes the unanticipated consequences of action. But I would also assert that common sense itself provides the best warrant for the possibility of social science. Some of us are better at it than others and we all make mistakes, but everyday, in hundreds of small ways, we attempt to observe, describe, understand, and explain our actions and the actions of others. If we can do it as amateurs, I see no reason why, with greater effort, we cannot do it professionally.

Further Reading

In compiling the following I have tried to select books that are still in print, are regularly republished, or are likely to be available in most large libraries.

The best of the all-encompassing introductory texts is James Fulcher and John Scott, *Sociology* (Oxford: Oxford University Press, 1999).

The theoretical issues explored in Chapter 2 are dealt with in Peter L. Berger and Thomas Luckmann, *The Social Construction of Reality* (Harmondsworth: Penguin, 1976). It is in parts a difficult read and perhaps only for the truly dedicated. The main ideas appear in a briefer and more accessible form in Peter L. Berger, *Invitation to Sociology* (Harmondsworth: Penguin, 1990). The relationship between the individual and society also forms the main theme of Laurie Taylor and Stan Cohen, *Escape Attempts: The Theory and Practice of Resistance to Everyday Life* (London: Routledge, 1992).

The description of modern societies summarized in Chapter 4 owes a great deal to Ernest Gellner, *Plough, Sword and Book: The Structure of Human History* (London: Paladin, 1986), which, in under 300 pages and in admirably clear prose, explains the shifts from hunter-gatherer to agrarian to industrial societies. A. H. Halsey, *Changes in British Society: From 1900 to the Present Day* (Oxford: Oxford University Press, 1995), looks closely at the present state and recent history of one modern industrial society.

The classics are regularly reprinted, and, while Marx is both difficult and passé, Weber and Durkheim are still eminently readable. So I would recommend H. H. Gerth and C. Wright Mills (eds), *From Max Weber: Essays in Sociology* (London: Routledge, 1991), and Émile Durkheim, *Suicide: A Study in Sociology* (London: Routledge, 1970).

There are so many modern works that deserve to be classics that it is invidious to select just a few, but the following from the 1950s and 1960s combine acute observation and sociological reasoning to exemplify the best traditions of the discipline.

Becker, Howard, *Outsiders* (London: Free Press, 1963).
Dalton, Melville, *Men Who Manage: Fusions of Feeling and Theory in Administration* (London: John Wiley & Sons, 1959).
Goffman, Erving, *The Presentation of Self in Everyday Life* (Harmondsworth: Penguin, 1969).
Gouldner, Alvin, *Wildcat Strike* (London: Routledge & Kegan Paul, 1957).
Lockwood, David, *The Blackcoated Worker* (London: Allen & Unwin, 1958).
Young, Michael, and Willmott, Peter, *Family and Kinship in East London* (Harmondsworth: Penguin, 1961).

Since the 1960s the higher-education sector of all industrial societies has expanded massively, and with it the number of sociologists. The growth and increased specialization of the discipline have made it increasingly difficult for any studies to become known outside their particular field. The following are three books from the 1990s that show sociology at its creative best.

Devine, Fiona, *Social Class in America and Britain* (Edinburgh: Edinburgh University Press, 1997).

Foster, Janet, *Villains: Crime and Community in the Inner City* (London: Routledge, 1990).
Jamieson, Lynn, *Intimate Relations* (Cambridge: Polity, 1997).

“牛津通识读本”已出书目

古典哲学的趣味
人生的意义
文学理论入门
大众经济学
历史之源
设计，无处不在
生活中的心理学
政治的历史与边界
哲学的思与惑
资本主义
美国总统制
海德格尔
我们时代的伦理学
卡夫卡是谁
考古学的过去与未来
天文学简史
社会学的意识
康德
尼采
亚里士多德的世界
西方艺术新论
全球化面面观
简明逻辑学
法哲学：价值与事实
政治哲学与幸福根基
选择理论
后殖民主义与世界格局
福柯
缤纷的语言学
达达和超现实主义
佛学概论
维特根斯坦与哲学
科学哲学
印度哲学祛魅
克尔凯郭尔
科学革命
广告
数学
叔本华
笛卡尔
基督教神学
犹太人与犹太教
现代日本
罗兰·巴特
马基雅维里
全球经济史
进化
性存在
量子理论
牛顿新传
国际移民
哈贝马斯
医学伦理
黑格尔
地球
记忆
法律
中国文学
托克维尔
休谟
分子
法国大革命
民族主义
科幻作品
罗素
美国政党与选举
美国最高法院
纪录片
大萧条与罗斯福新政
领导力
无神论
罗马共和国
美国国会
民主
英格兰文学
现代主义
网络
自闭症
德里达
浪漫主义
批判理论

德国文学
戏剧
腐败
医事法
癌症
植物
法语文学
微观经济学
湖泊
拜占庭
司法心理学
发展
农业
特洛伊战争
巴比伦尼亚
河流
战争与技术
品牌学
数学简史
物理学
行为经济学

儿童心理学
时装
现代拉丁美洲文学
卢梭
隐私
电影音乐
抑郁症
传染病
希腊化时代
知识
环境伦理学
美国革命
元素周期表
人口学
社会心理学
动物
项目管理
美学
管理学
卫星
国际法

电影
俄罗斯文学
古典文学
大数据
洛克
幸福
免疫系统
银行学
景观设计学
神圣罗马帝国
大流行病
亚历山大大帝
气候
第二次世界大战
中世纪
工业革命
传记
公共管理
社会语言学
物质
学习